Cansen y Cymry

Argraffiad cyntaf: Tachwedd 1992

(h) Y Lolfa 1992

Y mae hawlfraint ar gynnwys y llyfr hwn ac y mae'n
anghyfreithlon i atgynhyrchu neu addasu unrhyw
ran/nau ohono trwy unrhyw gyfrwng (ar wahân i
bwrpas adolygu) heb ganiatâd ysgrifenedig y
cyhoeddwyr ymlaen llaw.

Rhif Llyfr Safonol Rhyngwladol: 0 86243 284 7

Llun y clawr blaen: Ruth Jên

Argraffwyd a chyhoeddwyd yng Nghymru
gan Y Lolfa Cyf., Talybont, Ceredigion SY24 5HE;
ffôn (0970) 832 304, *ffacs* 832 782.

Cansen y Cymry

MARCEL WILLIAMS

PENNOD 1

A' i thraed yn gadarn yn y pridd, plygodd Sara Lewis i lawr unwaith eto a gafael yn y garreg. Doedd y garreg ddim yn un fawr, ond er hynny yn anodd i'w symud oherwydd i'r rhan fwyaf ohoni fod o dan yr wyneb; glynai'n ystyfnig i'w gwely. Roedd bysedd Sara yn borffor gan oerni, a hithau felly yn gorfod dibynnu ar gledrau ei dwylo i sicrhau ei gafael. Gwthiai a thynnai bob yn ail, a'i chorff fel bwa o dan y straen. Heb unioni ei hun, oedodd i symud edau o wallt o'i llygaid cyn ailgydio yn y garreg.

Chwythai'r gwynt ei chôt fawr a'i sgert a'i phais wlân yn erbyn ei choesau, a chrychu ac aflonyddu ar y sach o amgylch ei hysgwyddau. Ei thasg oedd clirio'r cerrig o'r cae. Bu wrthi er y wawr, yn crafu a chasglu'r cerrig, a gwthio'r whilber i'r twmp ym mhen pella'r cae. Gorfu iddi ddefnyddio trosol haearn hir i ddisodli'r cerrig mwyaf, ond erbyn hyn roedd hi braidd yn ofnus ohono. Yn gynharach yn y prynhawn gwthiodd y trosol yn ddamweiniol i lawr ar ei throed ei hun. Ni thynnodd ei hesgid—doedd dim amser i hynny—ond fe deimlodd y gwaed yn pistyllu ac yna yn ceulo o fewn ei hosan, a'r goes gyfan yn awr yn pwlsadu'n gyson a chreulon, a phob taith i'r twmpath yn *odyssey* o glunhercian ac ochneidio.

Teimlodd ryw symudiad bychan yn y garreg . . . Roedd hi wedi gobeithio gorffen cyn nos, ond ni fyddai hynny'n bosib yn awr. Byddai'n rhaid iddi ddychwelyd i'r cae yfory; efallai y câi geiniog neu ddwy yn ychwanegol gan Amos Parry. Roedd yn gas ganddi Amos, ond roedd ei gŵr yn y carchar, a'i mab Daniel i'w fwydo a'i ddilladu—heb sôn am y ddwy-geiniog-yr-wythnos o dâl am ei ysgol.

Tynnodd y garreg eto, a'i theimlo yn symud drachefn. Yn sydyn dyma'r garreg yn ildio,—yn *rhy* sydyn, a Sara yn syrthio yn ôl a chael ei hun ar ei hyd ar y ddaear. Gorweddai yn y fan, wedi blino'n lân, a'i llygaid ar gau. Munud fach o orffwys efallai . . . Yna, wrth iddi agor ei llygaid, gwelodd a theimlodd esgid fawr yn disgyn ar ei bol. Dyna lle'r oedd Amos Parry yn edrych i lawr arni, Amos Parry â'i farf fawr ddu.

'Ydw i'n eich talu chi i fynd i gysgu, fenyw?' Roedd ei lais yn arw a chryg.

Ceisiodd Sara godi, ond roedd troed Amos yn rhy gadarn. 'Syrthio wnes i, Mr Parry. Gadewch imi godi, os gwelwch chi'n dda.'

'Fe wyddech chi mod i'n eich gwylio chi, Sara Lewis. Fe syrthioch er mwyn fy nhemtio i.' Plygodd Amos ymlaen, gan orffwys ei benelin ar ei benlin, ac o'r herwydd yn cynyddu'r pwysau ar fol Sara.

Crwydrai llygaid Sara i fyny, ar hyd ei goes, dros ei stumog enfawr, heibio'i farf, a chyrraedd y gwlithyn a hongiai o flaen ei drwyn. Hyd yn oed yn yr oerni a'r tywydd tymhestlog, roedd arogl drewllyd ei gorff yn gryf a llethol. Disgynnai tarth anweledig o bydredd ar Sara, a'i gorfodi i ymladd yn galetach i ryddhau ei hun. Ond gwasgai'r esgid yn ddyfnach i mewn i'w bol, a phob symudiad ar ran Sara yn boenus o ofer. Gwell ymatal am ysbaid . . . Teimlai leithder y pridd yn treiglo trwy ei dillad a threiddio i'w chnawd a'i henaid.

Gan fanteisio ar ei llonyddwch, gosododd Amos waelod ei ffon-gerdded ar foch Sara, a gwthio ochr ei phen i'r llaid a'i dal yno. 'Faint ydw i'n eich talu chi am ddiwrnod o waith?'

'Saith ceiniog, Mr Parry.' A'r ffon yn hoelio ei hwyneb

i'r ddaear, roedd yn anodd iddi ynganu'r geiriau.

'Dylsech fod wedi gorffen y cae i gyd erbyn hyn. Rych chi wedi ymestyn y gwaith, on'd ych chi? Ceisio gwneud iddo barhau am ddiwrnod arall a gobeithio cael saith ceiniog arall am eich anonestrwydd.'

Amhosib iddi ei weld yn awr; caewyd ei llygad chwith gan y llaid, a golwg ei llygad dde yn ymestyn ar hyd wyneb y ddaear hyd at y wal gerrig yn y pellter.

'Rych chi'n gymaint o bechadur â'ch gŵr Sara Lewis. Ond fydda' i ddim yn rhy galed arnoch chi; fe gewch orffen y cae bore fory, heb dâl ychwanegol. Ond o garedigrwydd fy nghalon mi feddylia' i am rywbeth i'ch cadw chi'n brysur yn y prynhawn; ac os cewch chi dair ceiniog am hynny, gellwch fod yn dawel eich meddwl. Be ddwedwch chi?' Symudodd y ffon o'i boch. Troes Sara ei hwyneb ato, gan wybod na allai wrthod ei gynnig.

'Wel, fenyw? Ydi hi'n fargen?'

Nodiodd ei phen. Teimlai'r gwaed yn rhuthro'n ôl i'w hwyneb. Cododd ei llaw i deimlo croen ei boch, ond roedd ei bysedd yn rhy oer i deimlo dim ond eu poen eu hunain. Tynnodd ei hun oddi ar y ddaear, a gorffwys ar ei harddyrnau, a swatio am ysbaid, a dal i deimlo effaith y ffon a'r esgid fawr. 'Fe a' i adre nawr, Mr Parry, os nad oes gwahaniaeth gennych chi.' O na fyddai'r creadur brwnt yn troi ar ei sawdl a mynd . . . Byddai'r broses o godi ar ei thraed yn un hir a phoenus ac afrosgo.

'Mynd adre?' Defnyddiai Amos ei ffon yn awr i chwarae â hem ei sgert. 'Mae 'na awr o leia' cyn iddi nosi. Gellir gwneud llawer mewn awr.' Gwthiodd ei ffon rhwng ei thraed. 'Llawer o waith . . . a llawer o chwarae.'

Yn araf a thrwsgl, cododd Sara. Roedd yn ymwybodol o'r llaid ar ei hwyneb, a cheisiodd ei frwsio i ffwrdd â chefn ei llaw.

''Dwy ddim yn barticiwlar ynghylch *wyneb* menyw, Sara Lewis.' Gwenodd arni.

Camodd Sara yn ôl a phlygu i lawr, a gafael mewn carreg rydd—roedd eisiau dwy law i wneud hynny—ac yna unioni ei hun a'i wynebu.

'Dyna chi, fenyw! Daliwch ymlaen â'r gwaith! Mae 'na le i un garreg arall yn y whilber.'

Daliodd Sara ei gafael yn y garreg. Tynnodd Amos ei lawes ar draws ei drwyn; dihangodd y gwlithyn, ond nid y wên.

'Fe'ch gwela' i chi'n ddiogel drwy'r gaea', Sara Lewis. Hyd yn oed â'ch gwr yn y carchar, fe wna i'n siwr nad ewch chi'n brin.' Chwarddodd yn dawel.

Deallai Sara yn union beth oedd yn ei feddwl. Anadlodd Amos i mewn drwy ei drwyn yn stwrllyd, ac yna poeri at y garreg yn nwylo Sara, a'r gwynt yn gafael yn y poer a'i wthio at gôt Sara a'i daenu ar draws y defnydd. 'Rych chi'n gwybod beth yw'ch trafferth chi, on'd ych chi, Sara Lewis?'

Rhythodd Sara yn sarrug arno.

'Balchder!' aeth Amos yn ei flaen. 'Rych chi'n llawn ohono. Un o'r pechode mawr, balchder; ddim yn addas i fenyw nad yw'n gwybod o ble ddaw ei chrwstyn nesa'. Beth pe bawn *i* yn llawn balchder? Beth pe bawn i'n penderfynu peidio â'ch cyflogi chi nes ichi ddangos mwy o ddiolchgarwch tuag ata' i,—*gwir* ddiolchgarwch? Efalle y daw pethe i'r fan yna cyn bo hir. Ma' na derfyn ar fy amynedd i. Cofiwch un peth, Sara Lewis; os ydw i'n gosod bwyd yn eich bol, mae hawl gen i osod rhywbeth arall ynddo hefyd, rhywbeth llawn mor bwysig, a rhywbeth y mae llawn cymaint o'i angen arnoch chi.' Cymerodd gam tuag ati.

Cymerodd hithau gam yn ôl, a'i dicter yn cynyddu ac yn gorchfygu ei blinder. 'Fe *newyna*' i cyn gadael ichi gyffwrdd â mi, Amos Parry.'

'Wnewch chi, nawr? Mae geiriau balch yn llifo'n rhwydd iawn o stumog lawn, ond arhoswch tan i'r stumog wacáu, a'ch crwt yn begian am fwyd; *wedyn* fe ddowch ata i, a phenlinio o'm blaen i, ac yna rowlio'n ôl ar eich cefn ac aros imi gael fy mhleser . . . Ac fe *gawn* ni amser da, Sara Lewis! O cawn! A chithe wedyn yn synnu pam y gwnaethoch fy ngwrthod cyhyd!' Daeth chwerthiniad brwnt arall o'i wefusau seimlyd.

Roedd ei arogl budr yn annioddefol; teimlai Sara yn gyfoglyd, ond concrodd symudiad ei stumog. 'Chewch chi ddim byd wrtho i ond y gwaith rych chi'n fy nhalu amdano,' meddai, a'i llais yn awr yn uchel a beiddgar. 'Mae gennych wraig i wasanaethu'ch chwante brwnt,—druan â hi!'

Tywyllodd ei lygaid. 'Gadewch Rachel allan o hyn!'

'Mae'n fenyw dda, Amos Parry. Duw a ŵyr, mae'n haeddu gwell gŵr.'

'Lle mae gŵr yn y cwestiwn, mae hi mewn gwell sefyllfa nag ydych chi. Dyw hi ddim yn briod â lleidr.'

Daeth cawod sydyn o law trwm, a chwyrlïo ar draws y cae, a chwythu gwallt Sara ar draws ei hwyneb. Heb ollwng ei gafael yn y garreg, gostyngodd ei phen a defnyddio ei llawes i frwsio'r gwallt o'i llygaid.

Ni symudodd Amos. Yno y safai fel pe bai wedi ei wreiddio yn y tir,—creadur cyntefig, ei law chwith yn ei boced, a'i law dde yn gafael yn ei ffon. Rhedai'r glaw i lawr ei wyneb, heibio i'r wên wawdlyd ar ei wefusau ac i mewn i goedwig ei farf. 'Mae un peth i'w ddweud o blaid cawod drom o law, Sara Lewis. Mae'n gwneud dillad menyw lynu i'w chorff, a thanlinellu 'i rhinwedde. Ond fe wyddoch chi hynny'n ddigon da, wrth gwrs; rych chi'n *chware* arno fe! Cystal ichi gyfadde hynny! Mae'ch bronne chi ar 'u gore nawr, a'ch pen-ôl chi hefyd . . . Rych chi'n ast glyfar, yn defnyddio'r elfenne at eich pwrpas eich hun.'

'Mae'ch meddwl chi fel tomen, Amos Parry.'

'Peidiwch chi â gofidio am fy meddwl *i;* ma' hwnnw mewn cyflwr da, fel y gweddill ohono i.'

'Rwy'n mynd adre,' meddai Sara yn bendant. 'A does dim pwrpas i chi fy nilyn.' Troediodd yn ofalus heibio iddo, ac yna cerdded yn araf tuag at y llidiart, gan ofalu peidio â chloffi er gwaetha'r poen yn ei throed. Hyd yn oed wedi iddi gefnu arno, teimlai ei lygaid bwystfilaidd yn crwydro drosti. Chwythau'r glaw yn galetach fyth, a thasgu a hisian yn erbyn y twmpath o gerrig wrth iddi agosáu at y gofeb honno i'w llafur.

'Rych chi'n dwyn fy eiddo, fenyw!'

Troes ar ei sawdl. 'Be' chi'n feddwl?'

Camodd tuag ati. 'Y garreg yna yn eich dwylo chi . . . Gosodwch hi gyda'r lleill.'

'Mae'r garreg yma wedi cymryd fy ffansi,' meddai Sara.

Safai Amos o'i blaen hi, a phlygu ymlaen a rhedeg ei ffon ar hyd ystlys Sara, i fyny ac i lawr sawl gwaith, ac yna dal y ffon yn erbyn y rhan uchaf o'i choes. 'Beth pe bawn *i* yn dwyn popeth rwy'n ei ffansïo, Sara Lewis? A'u cario adre'?'

Gwthiodd Sara y ffon i ffwrdd, ond yn ofer; gwthiwyd y ffon yn ôl yn erbyn ei choes. Pa fath fyd—pa fath Dduw—a'i gosododd hi, menyw dda a gweithgar, o dan fawd y talp o fochdra a safai o'i blaen? Roedd ei hatgasedd tuag ato yn anfesuradwy. Amos oedd yn gyfrifol am dynged ei gŵr Edwin. Darganfuwyd Edwin yn dwyn bara o fferm Amos,—gweithred dyn mewn anobaith llwyr, heb yr un geiniog i fwydo ei deulu. Ond mynnodd Amos fynd â'r peth i gyfraith, a dal i erlid Edwin hyd at garchar, ac yna cymryd arno ei fod yn trugarhau wrth Sara, a'i dosturi yn ei orfodi i gynnig gwaith iddi. Ymddangosai Amos i aelodau'r capel fel Cristion caled ond cyfiawn, yn sicrhau bod gŵr pechadurus yn cael ei gosbi, ond ar yr un pryd yn gofalu nad oedd y wraig ddiniwed yn gwbl amddifad o anghenion bywyd. Ond gwyddai Sara yn iawn y cymhelliad cnawdol tu ôl i'r tosturi arwynebol.

Agoshaodd Amos ati; a'r foment honno, chwalwyd argae ei goddefgarwch. Gan synnu at ei ffyrnigrwydd ei hun, gwthiodd Sara y garreg yn erbyn ei wyneb, ac ymhyfrydu yn sŵn y garreg yn taro yn erbyn y croen a'r benglog, ac wrth i Amos wegian yn ôl, taflodd Sara y garreg a thynnu ffon Amos o'i afael, gan ei defnyddio yn wyllt a di-drugaredd ar ben y ffermwr, a'i hymosodiad mor rymus nes peri i hwnnw bistyllu gwaed. Teimlai Sara yn awr fel pe bai ar frig ryw don anferth o ddialedd; ac o weld y gwaed yn ffrydio o drwyn Amos, byrlymai ei gwaed ei hun, a tharan a thymestl ei dicter yn rhuo trwy ei gwythiennau. Cododd y ffon uwch ei phen, ac yna, gyda chynddaredd rhwystredig y blynyddoedd yn yr ergyd, daeth â'r ffon i lawr fel pastwn ar aelod cenhedlu Amos, a bloedd y ffermwr yn dyst i gywirdeb yr anelu ac i drwch a phwysau'r ffon.

Anadlodd Sara yn drwm, ac yna syllu ar waith ei llaw. Roedd Amos yn gwingo a griddfan yn nyfnder ei ing, gan afael yn ei aelod holl-bwysig, ei lygaid ar gau, ei wyneb yn waedlyd, ei benliniau o amgylch ei glustiau, a llaid a llaca a llysnafedd yn drwchus ar ei ddillad. Anodd gan Sara gredu yr hyn a gyflawnodd. Dyma'r tro cyntaf iddi ffrwydro yn y fath fodd. Drwy gydol ei hoes, a hithau ar reng waelod cymdeithas yn dioddef un anghyfiawnder ar ôl y llall, a dwrn caled a diffael bywyd yn rheolaidd yn ei hwyneb, dysgodd ddal ei thafod a ffroeni ei chwerwder. Ac yn awr, wele'r rhyfeddod . . . Ond yn sydyn, teimlodd Sara ias o ofn. Hyrddiodd y ffon o'r neilltu a throi ar ei sawdl, a chychwyn unwaith eto ar ei thaith adref. Daeth yn ymwybodol o'r poen yn ei throed, a'r poen a bwlsadai trwy ei choes yn gyfeilydd i'r dwndwr yn ei henaid.

PENNOD 2

SAFAI Dafydd Williams, 'pupil-teacher' pymtheng mlwydd oed, yng nghanol yr ystafell hir, unig ystafell yr ysgol. Prynhawn Gwener ydoedd, prynhawn tywyll, a'r plant wedi hen fynd adref, ond ni ddaeth diwrnod Dafydd i ben. Roedd awr a hanner arall o'i flaen, awr a hanner o hyfforddiant gan yr ysgolfeistr. Safai Dafydd yn llonydd yn ymyl desg Mr Preece, a theimlo'r oerni wrth syllu ar y tân marw yn y stof, a chrynu. Ysgrifennai Mr Preece yn brysur, a'i ysgrifbin yn gwichian ar y papur gan gystadlu â sŵn y gwynt a chŵyn y brigyn a lusgai ar draws un o'r ffenestri. Yn ei flinder, symudodd Dafydd ei bwysau o'r naill droed i'r llall.

'Bydd lonydd, Williams! Os na fedri di reoli dy hun, pa obaith sy gennyt reoli dosbarth cyfan o blant?'

Dim ond yn y sesiynau yma ar ddiwedd y dydd y siaradai Preece yn y Gymraeg. Fel yr esboniodd unwaith i Dafydd, roedd yn iaith israddol, ond weithiau yn gyfrwng defnyddiol i ysgolfeistr ddod i ddeall a chyffwrdd enaid disgybl etholedig. Ond gwyddai Dafydd erbyn hyn nad ei enaid oedd gwrthrych cynlluniau'r ysgolfeistr.

Daliai'r ysgrifbin ar ei daith swnllyd. Gwingai'r cyhyrau yng nghoesau Dafydd, ond roedd y poen a'r ymdrech i gadw'n llonydd yn ffrindiau yn y frwydr yn erbyn cwsg.

'Dere 'ma, Williams!'

Unwaith eto, teimlai Dafydd y diflastod tawel a ddeuai drosto yn rheolaidd pan orchmynnwyd iddo sefyll yn ymyl yr ysgolfeistr.

'Wyt ti wedi dysgu'r gwaith a roddais iti ddoe?'

'Ydw, syr.'

'Beth oedd e?

'Chwedl y stumog a'r aelode, syr.'

'Chwedl ardderchog, Williams! Moeswers effeithiol ac amserol! Mi fydda i am iti ei hadrodd i'r holl ysgol ddydd Llun nesa'—'i *hadrodd* hi, nid 'i darllen hi. Rwyt ti wedi ei dysgu ar dy gof, wrth gwrs?'

'Ydw, syr.'

'Da iawn! Gwell inni gael rihyrsal bach, felly.' Cododd Preece, a cherdded i ben pella'r ystafell, a sefyll wrth droed y galeri—rhesi o feinciau a godai o'r llawr bron i'r nenfwd fel seddau amffitheatr. 'Dere draw fan hyn, Williams.'

Symudai Dafydd yn araf. Cas ganddo holl nodweddion yr ysgolfeistr: ei lygaid oer, ei groen seimlyd, ei wallt melyn a hwnnw'n drwch o olew, ei lais gwichlyd, ei dafod miniog, ei fysedd llaith, ymchwilgar . . .

'Tro at y galeri! Wyneba dy gynulleidfa!'

Ufuddhaodd Dafydd. Esgynnodd Preece i'r rhes uchaf, ac eistedd. *'Fi* yw'r ysgol, Williams! Wyt ti'n barod?' Ychwanegai'r gwacter ddimensiwn arall at sain annymunol y llais.

'Ydw, syr.'

'Na dwyt! Dwyt ti *ddim* yn barod! Mae dy ystum di'n anobeithiol! Uniona dy ysgwydde! Dwylo tu ôl i dy gefn! Pen i fyny!'

Ymatebodd Dafydd i bob gorchymyn. Dyfnhaodd y tywyllwch.

'Nawr dechre ar dy stori. Ac rwy am glywed bob gair.'

'Once upon a time,' meddai Dafydd, gan ddyfynnu o'r chwedl a ddysgodd ar ei gof, 'all the members of the body began to murmur against the stomach for employing the labours of the rest, and consuming all they had helped to provide, without doing anything in return. So they—'

'Cwyd dy lais!' Saethai geiriau'r ysgolfeistr allan o'r gwyll. 'A chwyd dy ben! Edrych arna i!'

'—So they all agreed to strike work, and refused to wait upon this idle stomach any more. The feet refused to carry it about, the hands—'

'Bydd raid gwneud rhywbeth am yr acen yna, Williams! Mae'n dal yn ofnadw o Gymreig! Ond ymlaen â thi.'

'The hands resolved to put no food into the mouth for it; the nose refused to smell for it, and the eyes to look out in its service; and the ears declared they would not even listen to the dinner bell; and so all the rest. But after . . . '

'Mae goslef dy lais yn disgyn eto, Williams! Sawl gwaith mae'n rhaid imi ddweud wrthyt? Cwyd dy lais, grwt! *Bodda'r* gwynt!'

'But after the stomach had been left empty for some time . . . ' Teimlai Dafydd yn awr ei fod yn gweiddi yn hytrach nag adrodd . . . ' . . . *all* the members began to suffer.'

'Pwysleisia'r *all*. Mae'n rhaid i'r gair sefyll allan!'

' . . . *All* the members began to suffer. The legs and arms grew feeble; the eyes became dim, and all the body languid and exhausted.'

'Nawr dyma ni'n agosáu at yr uchafbwynt,' deuai'r llais o'r cysgodion. 'Cadw dy lygaid arna' i, ac adrodd y geiriau â theimladrwydd dwfn a dwys.'

'"Oh foolish members," said the stomach . . . '

'Na, na, na! Wnaiff hwnna ddim o'r tro, Williams! Mae angen llawer mwy o deimlad. Sigla dy ben wrth i ti ynganu'r geiriau.'

'"Oh you foolish members!" said the stomach. "You now perceive that what you used to supply me was in reality supplied to yourselves. I did not consume for myself the food that was put into me, but digested it, and prepared it for being changed into the blood which was sent through various channels as a supply for each of you. If you are occupied in feeding me, it is by me, in turn, that the blood-vessels which nourish you are fed.'"

Dyna ddiwedd y chwedl. Roedd y gwynt yn awr yn fwy swnllyd, ysgythrai'r brigyn yn fwy haerllug ar draws y ffenest, a Dafydd yn teimlo elfen sinistr yn y tywyllwch.

'Nawr rho'r esboniad i'r chwedl, Williams, gan ddefnyddio'r union eiriau a gefaist gen i ddoe.'

'Children! The fable teaches us that we must not find fault with the rich and noble members of society. They may appear to us idle, but it is their riches which are creating manufactories and businesses, providing work for the poor, and making life better for us all.'

'Mae'n *rhaid* iti dalu fwy o sylw i oslef dy lais, Williams. Mae e'n gostwng ar yr union eiriau sydd angen eu pwysleisio. Wyt ti'n deall?'

'Ydw, syr.'

'O'r gore. Nawr fe awn dros yr holl beth unwaith eto, reit o'r dechre. Cymer dy amser dros y brawddege. Mwynhea'r stori. Mae'n bregeth ardderchog!'

A'i lygaid yn syllu gorau y gallent ar yr wyneb yn y gwyll, lansiodd Dafydd ei hun unwaith eto i mewn i'r chwedl, gan ufuddhau gorchmynion yr ysgolfeistr i'r llythyren, a mynd rhagddo yn araf, a'r arafwch yn dyblu'r poen yn ei gorff a'i goesau a'i enaid, a diwedd y chwedl fel petai'n ymbellhau fwy-fwy oddi wrtho. Ond o'r diwedd fe gyrhaeddodd frawddeg ola'r chwedl, a dechrau ar y foeswers.

A dyna'r foment pan ddaeth Preece i lawr ato, a sefyll yn ei ymyl am eiliad neu ddwy, ac yna symud y tu ôl iddo. Methodd llais Dafydd am ennyd, ond yna llwyddodd i fynd yn ei flaen a chyrraedd y terfyn,—'and making life better for us all'—a'i geg erbyn hyn yn sych a'i nerfau'n rhacs.

'Diar mi, Williams! Mae dy gorff di'n llipa unwaith eto!' Llithrai llais yr ysgolfeistr fel neidr o'r tywyllwch. 'Wnaiff hyn ddim o'r tro. Dewch inni ddodi pethe'n iawn.' Disgynnodd dwylo Preece ar ysgwyddau Dafydd a gwasgu'r rheini yn ôl. Yna, crwydrai'r dwylo i lawr. 'Belly in, chest out, Williams! I mewn â'r stumog 'na!' Roedd y dwylo yn awr ym mhobman, yn crwydro a theimlo a gwasgu. 'Dere 'mlaen, grwt! Mae ystum *mor* bwysig... *Reit i* mewn â'r bol yna... *Reit i* mewn... Dyna ni.' Parhaodd y dwylo ar eu pererindod, a Dafydd yn teimlo eu tynerwch aflan ar hyd ei ystlysau a'i goesau i lawr i'r migyrnau. ''Na welliant!' meddai Preece. Roedd yr ysgolfeistr yn awr ar ei benliniau ac yn anadlu'n drwm. 'Gobeithio dy fod ti'n gwerthfawrogi fy ymdrechion ar dy ran di, Williams. Wyt ti?'

'Ydw, syr.'

'Rhaid paratoi'n fanwl ar gyfer yr arholiad blynyddol, a hwnnw mor agos. Mae Mr Matthew Arnold mor barticiwlar,—yn sylwi ar bob symudiad yr ymgeisydd, 'i osgo a'i agwedd yn ogystal ag ansawdd 'i lais a dyfnder 'i wybodaeth. Mae Mr Arnold yn ysgolhaig clasurol, ac o'r herwydd yn siwr o wethfawrogi cyrff clasurol, 'u ffurf a'u siâp... Gwell peidio â gadael dim i siawns, felly. Rwy'n mynd i ailarchwilio dy ystum di.'

Crynai Dafydd wrth i'r broses o ailarchwilio fynd yn ei blaen, a'r dwylo ffiaidd-gariadus yn cychwyn o'r migyrnau y tro hwn, ac yna yn symud yn araf, araf i fyny'r coesau, ac anwesu'r cnawd, a theimlo pob tolc a phob codiad, ac anwylo'r bol, ac ymbalfalu eu ffordd ar draws ei frest ac o dan y ceseiliau, ac o'r diwedd yn gorffwys ar yr ysgwyddau, a Preece yn sefyll yn unionsyth unwaith eto.

'Os ydw i'n galed arnat ti, Williams,' meddai Preece, a'i freichiau yn cofleidio Dafydd, 'rwy felly er dy fwyn *di*. Rwy'n benderfynol mai ti fydd y 'pupil-teacher' gorau yng Nghymru; fe wna i'n siwr y cei di fynediad i goleg

hyfforddi yn Llundain,—mynediad fel "Queen's Scholar."
Dyna'r nod. Dim llai! Nawr gwell inni fynd drwy'r
chwedl unwaith eto; a'r tro yma, fe safa' i y tu ôl iti, yn
ddigon agos i sicrhau na fydd dy gorff yn llacio a
cholli ei urddas.'

'Once upon a time,' dechreuodd Dafydd, a'i lais yn
crynu, 'all the members of the body—'

'Cadw dy gorff yn unionsyth,' sibrydai Preece yng
nghlust Dafydd. 'Rwyt ti'n dechrau llacio unwaith eto.
Gwasg dy hun yn ôl yn fy erbyn i . . . , Na welliant! Efalle
y bydd o help iti os gafaelai ynot ti . . . A, dyna fe.'
Ochneidiai Preece wrth iddo afael yn ystlys Dafydd.
'Nawr ymlaen â thi.'

Wedi ei wasgu felly yn erbyn Preece, aeth Dafydd yn ei
flaen, a'i fynegiant y tro hwn yn gwbl undonog, a'i gof yn
pallu. Wrth iddo gloffi o un cymal i'r llall, aeth ystyr a
rhediad y chwedl ar chwâl. Disgwyliai gerydd gan yr
ysgolfeistr, ond yr unig sŵn a ddeuai o'r tu cefn iddo
oedd anadlu trwm ac ambell ochenaid hir wrth i
wefusau'r ysgolfeistr orffwys ar war Dafydd; a phan
gyrhaeddodd Dafydd y frawddeg olaf o'r chwedl, fe
deimlodd grynfa echrydus yn ysgubo drwy gorff Preece,
cyn i'r ysgolfeistr symud o'r tu ôl iddo a'i wynebu.

'Da iawn, Williams,' meddai Preece. 'Perfformiad
ardderchog y tro yna! Pob brawddeg a phob gair yn
berffaith! Pan ddaw Mr Arnold yma yr wythnos nesa', fe
rof ganmoliaeth uchel iti. Wel dyna ddigon am
heddiw . . . I ffwrdd â thi.'

Dihangodd Dafydd o'r ystafell; dihangfa o dywyllwch
i dywyllwch.

Roedd y storm yn gwaethygu wrth i Dafydd gychwyn
ar ei ffordd adre, a thaith o rwy ddwy filltir a hanner o'i
flaen cyn y cyrhaeddai'r bwthyn clyd. Ymlaen ag ef, heb
unrhyw gwmni ond ei feddyliau ei hun a sŵn ei draed yn

crensio ar yr heol arw, a'r gwynt yn rhuo a rhuthro drwy frigau'r coed. Ac yn awr dyma'r glaw, miloedd o saethau yn ei daro a'i frathu a threiglo i lawr rhwng ei goler a'i wddf. Tynnodd ei goler i fyny at ei ên, a'i gap i lawr dros ei dalcen. Gwthiodd ei ddwylo yn ddwfn i'w bocedi, a phwyso ymlaen i hyrddio ei hun yn erbyn y gwynt.

Teimlai ei flinder. Bu'n dysgu'r plant yn ddi-baid o naw yn y bore tan bedwar y prynhawn,—eu harwain drwy litani diddiwedd o ffeithiau, adrodd ac ailadrodd, gofyn ac ateb, catecism ar ben catecism, llafar-ganu diflas ac undonog, anialwch o eiriau yn ymestyn ar draws y dydd, a'r cwbl dan oruchwyliaeth Preece.

Weithiau, eisteddai Preece wrth ei ddesg, a'r gwg ar ei wyneb yn tywyllu'r holl ystafell. Wedyn fe godai a rhodio'n rhwysgfawr trwy ei ymerodraeth, gan oedi o bryd i'w gilydd a gafael yn llechen-ysgrifennu un o'r plant ieuengaf a rhythu arni ac yna ei gosod i lawr heb ddweud yr un gair. Ar brydiau fe ffrwydrai'n sydyn, fel y gwnaeth pan welodd Daniel Lewis yn ceisio bwyta crystyn o fara yng nghanol gwers. Ymosododd ar y crwt yn fileinig, ei ddyrnau fel cawod o gerrig o amgylch ei ben a'r bachgen yn syrthio'n ddiymadferth i'r llawr cyn cael ei godi'n ddiseremoni gan yr ysgolfeistr a'i osod yn ôl yn ei sedd.

A phan ddeuai'r dydd ysgol i ben, a'r plant wedi dianc i'w cartrefi, fe gychwynnai'r sesiynau preifat gyda Preece, awr a hanner bob dydd, awr a hanner o boenedigaeth, o Rifyddeg a Gramadeg Saesneg a Hanes a Daearyddiaeth ac Ysgrythur a hyd yn oed Elfennau Cerddoriaeth, a llais dychrynllyd Preece yn ceisio cyflwyno gwerthoedd 'minims' a 'semi-breves' a 'crotchets' a 'quavers' iddo. Ac ar ben hyn oll, gwersi mewn disgyblaeth, sut i gadw trefn ar blant a'u dysgu i eistedd yn dawel, i symud yn drefnus, i ymdeithio ... Ac i goroni'r cyfan, hyfforddiant mewn ystum ac ymarweddiad, sut i sefyll ac ymddwyn o flaen dosbarth, a'r rhan yna o'r cwriciwlwm yn rhoi trwydded i ddwylo Preece grwydro lle y mynnent . . . A'r cwbl oll yn rhan o gyfundrefn a luniwyd gan gorff yn Llundain o'r enw 'Committee of Council,' y pwyllgor hwnnw a ddanfonai arolygwyr fel Matthew Arnold i sicrhau bod ysgolfeistri fel Preece yn cyflawni eu dyletswyddau dieflig. Roedd Mr Arnold, yn ôl pob hanes, yn fardd enwog. Ond sut medrai *bardd* fod yn rhan o gyfundrefn mor greulon?

A'r holl bethau yma yn byrlymu drwy ei feddwl, a'r gwynt yn chwythu a'r glaw yn hisian, ni chlywsai Dafydd y cerbyn yn ei oddiweddyd. Bron nad oedd y cerbyd wedi mynd heibio iddo cyn i Dafydd glywed sŵn carnau'r ceffyl a chrensio'r yr olwynion, a gweld golau'r llusernau. Symudodd o'r neilltu. Pasiodd y cerbyd ac yna stopiodd. Plygodd y cerbydwr i lawr a gweiddi. 'I ble rwyt ti'n, mynd, fachgen?'

'Llwynhelyg, syr.' Sylwai Dafydd ar wyneb yn syllu arno drwy ffenest y cerbyd.

'Beth yw d'enw di?'

'Dafydd Williams, syr.'

'Fedra' i ddim dy glywed di! Cwyd dy lais!'

Gwaeddodd Dafydd ei enw drachefn. Trwy dwll yn nho'r cerbyd, trosglwyddodd y cerbydwr y wybodaeth i'r person oddi mewn.

'O'r gore!' daeth llais y cerbydwr. 'I mewn â thi! A chofia ddiolch i Miss Vaughan am ei charedigrwydd.'

Agorwyd drws y cerbyd, a dringodd Dafydd i mewn. Dyma'r tro cyntaf iddo gyfarfod ag Emma Vaughan, dynes ifanc ddibriod a oedd wedi etifeddu tipyn o gyfoeth ar ôl ei thad a dod i fyw yn Cambrian Villa, rhyw filltir tu draw i Lwynhelyg. Gwyddai wrth ei fam, a weithredai fel gwnïyddes o bryd i'w gilydd yn Cambrian Villa, fod Miss Vaughan yn fenyw ddysgedig a chryf ei hargyhoeddiadau, yn barod i ddysgu pawb a'u gwthio tuag at fywyd mwy diwylliedig. O fewn amser byr enillodd fri yn y cylch fel darlithydd ar bynciau llenyddol a hanesyddol.

Eisteddai Dafydd yn awr gyferbyn â hi, a'r llusernau y tu allan i'r cerbyd yn taflu digon o olau i'w alluogi i weld wyneb siarp, llygaid bywiog, a boned wedi ei glymu gan ruban a redai o dan ên benderfynol.

'Bachgen Annie Williams, ie?'

'Ie, miss.'

'Beth yn y byd wyt ti'n ei wneud allan ar noson arw fel hon?'

'Newydd ddod o'r ysgol, miss.'

'Yr amser hyn?'

'Ie, miss. Rwy'n "pupilteacher".'

'O ie. Fe ddywedodd dy fam rywbeth i'r perwyl yna.'

Distawrwydd, a llygaid Emma Vaughan yn archwilio Dafydd yn fanwl. Yna fe bwysodd ymlaen a theimlo llawes ei got. 'Rwyt ti'n wlyb diferu!'

'O, mi fydda i'n iawn, miss.'

'Na fyddi! Tyn y gôt yna i ffwrdd, a gwisg y flanced yma dros dy ysgwydde.'

'Rwy'n siwr y bydda i'n iawn miss.'

'Paid â bod mor ystyfnig! Bant â'r gôt yna!'

Ufuddhaodd Dafydd.

'Nawr dere fan hyn i mi gael dy helpu â'r flanced.'

Eisteddodd Dafydd wrth ei hochr, a theimlo ei dwylo penderfynol yn gosod y flanced yn gadarn yn ei lle. Gwerthfawrogai'r gwlân trwchus a'r cynhesrwydd moethus.

'Wyt ti'n hoffi dy waith, Dafydd?'

'Ydw, miss.' Tybiai Dafydd mai dyna'r peth doethaf i'w ddweud.

'Faint yw dy gyflog di?'

'Deuddeg punt a deg swllt y flwyddyn, miss.'

'A'r ysgolfeistr—beth yw 'i enw e . . . Price, yntê?'

'Mr Preece, miss.'

'Preece—dyna fe. Wyt ti'n hoff ohono?'

Oedodd Dafydd. Go brin y gallai roi ateb gonest.
'Mae'n gweithio'n galed, miss.'

'Ateb diplomyddol. Fe gwrddes i â Preece unwaith. Dyn od tu hwnt.'

Roedd yn brofiad newydd i Dafydd glywed rhywun yn cyfeirio at yr ysgolfeistr fel 'Preece'—heb y 'Mistar'. Ofnid Preece gan y plant, edmygid ef gan y rhieni, a rhai o'r rheini, gan gynnwys mam Dafydd, yn cyfri'r ysgolfeistr fel rhyw iachawdwr a'r gallu ganddo i wthio eu plant allan o dlodi'r pentre i wynfyd galwedigaeth sicr.

'Beth yw dy oed di, Dafydd?'

'Pymtheg, miss.'

Roedd hi'n rhythu arno eto, yn ei fesur yn ofalus â'i llygaid craff. Teimlai Dafydd ei hun yn gwrido, ac edrychai ar y sedd wag gyferbyn ag ef.

'Tyn dy gap!' meddai Emma Vaughan yn sydyn.

Wedi iddo ufuddhau, cymerodd Miss Vaughan ei ben yn ei dwylo. 'Mae gen ti yr un wyneb â dy fam: llygaid mawr, talcen uchel, trwyn manwl, croen iachus, gên siapus—pethe gwerthfawr, gwerth ffortiwn ond iti eu defnyddio'n gall.'

'Ie miss.' Doedd neb o'r blaen wedi cyfri ac asesu nodweddion ei wyneb.

'Oes gen ti y synnwyr cyffredin i fynd gyda'r wyneb hardd?'

'Gobeithio, miss.'

'A thithau'n golygu mynd yn athro?'

'Ydw, miss.'

'Dydi hynny ddim yn arwydd o synnwyr cyffredin, Dafydd.'

Distawrwydd.

'Fe ddylai bachgen golygus fel ti anelu at rywbeth amgenach. Dwyt ti ddim am ddatblygu i fod yn ailfersiwn o Preece, wyt ti?'

'Efalle nad yw pob ysgolfeistr yn debyg i Mr Preece, miss.'

'Creaduriaid gwarthus, bron bob un ohonynt! Yn wasaidd at bawb ar lefel gymdeithasol uwch, yn gas a gormesol at bawb yn is.' Rhedodd ei bys ar hyd gên Dafydd. 'Rhaid imi gael gair â dy fam yn dy gylch di, Dafydd Williams. Rwyt ti'n werth dy achub.'

Gwichiai'r olwynion, a stopiodd y cerbyd. 'A, dyma lle'r wyt ti'n ein gadael, Dafydd. Allan â thi! Cadw'r flanced dros dro. Gall dy fam ei dychwelyd imi rywbryd eto.'

Safai Dafydd wrth ochr y ffordd am rai eiliadau, a syllu ar y cerbyd yn ymbellhau ac yna yn diflannu. Teimlai fys Emma Vaughan o hyd ar ei ên.

PENNOD 3

CAMAI Matthew Arnold yn frysiog ar hyd strydoedd Abergarth tuag at y farchnad. Ar ei bererindodau ar draws y wlad arferai gofnodi yn ofalus y dyddiau pan gynhelid y farchnad yn y gwahanol drefi, oherwydd ym mhrysurdeb a miri a rhialtwch y farchnad y câi un o bleserau mwyaf ei fywyd. I un o'i fagwraeth freintiedig ef, snobyddiaeth colegau Balliol ac Oriel yn Rhydychen, twpdra moethus y sefydliad Saesneg yn Llundain, ac yna unigrwydd seicolegol y swydd o Arolygwr Ysgolion,—i un felly, roedd yna ryddhad pur i'w gael yng nghanol y torfeydd o bobl gyffredin a fynychai'r marchnadoedd gwledig. Rhyddhad pur, ac un pleser arbennig—pleser gwaharddiedig, pleser tywyll ei natur, ond pleser a wthiai ei enaid i gyflwr o orfoledd tu hwnt i bob disgrifiad.

Roedd yr awr yn ffafriol i'w bwrpas—diwedd prynhawn o aeaf, a'r golau dydd yn cyflym gilio, a'r ugeiniau o stondinau yn meddu ar ryw hud a lledrith o dan fflamau y lampau olew. Gwthiai clwstwr niferus o bobl yn erbyn pob stondin, a'u hwynebau a'u llygaid yn pefrio yng ngolau'r lampau, eu sylw wedi eu hoelio yn gyfan gwbl ar glebran di-baid y gwerthwyr. Clywid lleisiau cryf yn datgan rhinweddau sosbenni a thegellau a thebotau a llestri o bob math. I'r gweithwyr, cynigiwyd cotiau trwchus, crysau gwlanen, trowsusau croen-gwadd ac esgidiau o fywyd tragwyddol. I wragedd yn dyheu am nefoedd ar y ddaear, cynigiwyd y dillad mwyaf delicet o satin a sidan a melfed. Roedd yna stondinau o fwyd i ddiwallu pob chwaeth. Disgleiriai'r cosynnau a'r tybiau o fenyn; roedd yna lewyrch rhosynnog ar bob ystlys mochyn; winciau'r cacennau a'r teisennau, ac amneidiai'r poteli o felysion yn ddigywilydd ar bawb a phobun.

Anelai Matthew ei gamre tuag at y stondin mwyaf addawol, stondin dan warchae ugeiniau o wragedd. Gwthient yn gynhyrfus yn erbyn ei gilydd er mwyn cael gwell golwg ar yr hyn a werthid, a'r wasgfa yn creu torf fach solet o fenywaeth a dynnai Matthew â chryfder magnetig ac anorchfygol. Teimlai Matthew ei guriad calon yn cyflymu. Cyrhaeddodd gyrrau'r grŵp, a throedio'n ôl ac ymlaen gan arolygu'r sefyllfa yn graff.

Dyma gyfoeth yn wir! Merched o bob oed—rhai ifainc, rhai aeddfed, rhai tenau, rhai tewion, rhai gwledig, rhai ychydig mwy soffistigedig, rhai priod, rhai dibriod, oll wedi eu casglu ynghyd a'u bwndeli'n deit ar ei gyfer! Nawr ble'r oedd y lle gorau i osod ei hun? Pa fenyw, ymysg y dorf hyfryd yma, a fyddai'n barod i dderbyn ei ymosodiadau cudd yn yr ysbryd iawn? Yn wir, efallai y câi ei hun rhwng *dwy* wraig addawol, a'r ddwy yn ildio ar yr un pryd i'w ddwylo cyfrwys! Mwy nag unwaith yn y gorffennol fe gafodd y profiad hwnnw, a'r gorfoledd yn dal yn fyw yn ei gof ac yn ei gynnal drwy sawl awr oer ac unig mewn gwesty.

Daliodd ei anadl. A! Yng nghanol y myrdd o wragedd roedd yna *un* arbennig, un a hoeliodd ei sylw ar unwaith, a boned ei chlogyn wedi ei daflu yn ôl i ddatgelu wyneb hardd a hawddgar, cnwd o wallt du cyfoethog, croen iachus o wledig, llygaid gleision yn pefrio yng ngolau'r llusernau, a gwefusau a chanddynt awgrym—dim ond awgrym—o wên, fel pe bai hi ei hun yn rhy ddoeth i gael ei thwyllo gan huodledd y gwerthwr. Roedd yna aeddfedrwydd tu hwnt o ddeniadol yn perthyn iddi; doedd hi ddim yn *rhy* ifanc; rhywle yn ei thri-degau, dybiai Matthew, yr oedran delfrydol i'w bwrpas, oedran pan fyddai gwraig yn debygol o ymateb â chymysgwch o bleser a chywreinrwydd i'w dactegau. Wedi'r cyfan, roedd yna bosibilrwydd i ddynes ifanc gael ei brawychu gan law ddieithr . . .

Yn benderfynol ond eto yn dyner, gwthiodd Matthew ei ffordd drwy'r rhengoedd, ac ymhyfrydu yng ngwasgedd y cyrff bywiog yn ei erbyn, ac oedi o bryd i'w gilydd pan fyddai'r wasgedd yn fendigedig o gyffrous. O'r diwedd cyrhaeddodd ei nod, a chael ei hun ysgwydd wrth ysgwydd â'r ddynes ddetholedig, a'r gwragedd a safai o'i flaen a thu ôl iddo yn gwthio yn ei erbyn. Dyma baradwys yn wir!

Am y tro cyntaf, craffodd ar y gwerthwr, dyn ifanc lliwgar a chanddo lygaid pechadurus, gwasgod ffansi, a llais melodaidd—cyfuniad pwerus o rinweddau, yn enwedig o gofio natur ei gynulleidfa.

'Foneddigion a boneddigesau!' meddai'r gwerthwr. 'Rwy'n y sefyllfa hapus o fedru cynnig bargeiniau gorau'r flwyddyn i chi: sgarffie a menyg a hancesi a rhubane o'r ansawdd ucha—ansawdd aruthrol o uchel! Rwy'n gwybod i sicrwydd fod y Frenhines Victoria ei hun yn gwisgo'r union bethe, ond bu raid iddi *hi* dalu ffortiwn amdanynt, wrth gwrs, doedd hi ddim mor lwcus â chi, ffrindie! Fe gewch *chi'r* eiteme brenhinol yma am bris fydd yn ddinistriol o isel i mi fel gwerthwr. Ond beth ydi'r ots am hynny? Rwy'n barod i aberthu fy hun er mwyn gweld gwragedd perta'r wlad yn gwisgo'r ffasiyne diweddara o Lundain. Edrychwch ar hon!' Gafaelodd mewn sgarff lachar a'i chwifio yn yr awyr. 'Welsoch chi'r fath liwie erioed? Dim rhyfedd i'r Tywysog Albert golli ei ben yn llwyr a syrthio ar 'i benlinie pan welodd e hon yn addurno gwddf y Frenhines ryw fis yn ôl! Ac os cafodd y sgarff gymaint o effaith ar *dywysog*, dychmygwch beth a wnâi i'ch gwŷr a'ch cariadon! Fe fyddan nhw'n ymgrymu ger eich bron chi *heno*, yn griddfan a llefain ac addo bod yn ffyddlon ichi hyd at Ddydd y Farn a thu hwnt! O, fuodd 'na erioed y fath sgarff â hon! A beth pe byddech chi'n gwisgo'r rhuban yma yn eich gwallt i fatsio'r sgarff? O diar mi! Dyna goron ar eich buddugoliaeth chi, a'r dynion yn datod botymau'u crysau ac ymbil arnoch chi i osod eich dwylo ar 'u brest a theimlo 'u calonne yn rhuthro a charlamu dan wres a gwylltineb 'u cariad! Wragedd annwyl! Fedrwch chi wneud *heb* yr eitem amhrisiadwy yma? Nawr rwy'n cyfadde ar unwaith eich bod chi'n brydferth fel yr ych chi, heb gymorth unrhyw addurniade. Yn wir, *weles* i ddim pertach ar fy holl deithie, ac rwy' wedi teithio ar hyd a lled y wlad yma. Ond mae 'na adegau, fel y gwyddoch yn iawn, pan nad yw prydferthwch yn ei hun yn ddigon. Mae'n rhaid wrth rywbeth *ecstra* i wneud y tric. A dyma fe!' Cododd ei lais, a chwifio'r rhuban a'r sgarff. 'Ychwanegwch y rhain at eich prydferthwch, ac fe orchfygwch bob dyn dan haul! Fe'u concrwch nhw'n *shils!* Diar mi!'

Synnai Matthew o glywed y cenllif o eiriau, ac ar yr un pryd eu gwerthfawrogi nhw'n ddirfawr oherwydd iddynt gadw'r gwragedd yn eu hunfan. Cipiwyd a charcharwyd y gynulleidfa gan huodledd y gwerthwr, a'r gwasgedd o amgylch Matthew yn dal i gynyddu. Aeth y gwerthwr yn ei flaen, a'r geiriau yn dal i lifo. Ond dyma'r amser i Matthew ddechrau o ddifri ar ei stradegaeth. Caeodd ei glustiau i'r huodledd a chanolbwyntio ei sylw ar y ddynes hardd wrth ei ochr, y ddynes ddetholedig, a'i ystlys ef yn awr yn gwasgu yn erbyn ei hystlys hi. Ni wnaeth hi unrhyw ymdrech i ymbellhau oddi wrtho; fe fyddai wedi bod yn anodd iddi ddianc, beth bynnag, a'r dorf o'i hamgylch mor drwchus. Ond fe synhwyrai Matthew nad oedd ganddi yr awydd i adael.

Gan ddefnyddio ei fedrusrwydd profiadol, gosododd Matthew ei law dde yn ysgafn ar goes y ddynes, y rhan o'r goes uwchben y benlin, ac yna mwytho'r goes yn dyner. Dim ond *un* symudiad i ddechrau, fel y gallai ymatal a chymryd arno mai damwain oedd yr holl beth pe bai'r ddynes yn mynegi anfodlonrwydd. Edrychodd arni o gornel ei lygad. Ni ddangosai unrhyw adwaith i'w dacteg. Yn bendant, doedd yna ddim arlliw o anfodlonrwydd, a'r awgrym o wên yn dal i hofran ar ei gwefusau. Ymlaen ag ef felly, ond heb golli ei gyfrwystra na'i gynildeb! Symudodd ei law unwaith eto ar hyd ei choes, gan wasgu rhywfaint yn fwy y tro hwn, a theimlo gwead ei chlogyn a chadernid ei choes o dan y clogyn. Ond roedd trwch y clogyn yn dipyn o rwystr rhwng Matthew a'r gorfoledd eithaf. Ond fe ddeuai'r gorfoledd yn y man. Edrychodd ar y ddynes unwaith eto. Roedd ei gwên wedi lledu rywfaint bach. Dyma fenyw a werthfawrogai ei ddawn! Ymlaen felly at y rhan nesaf o'r ymgyrch . . .

Symudodd ei fysedd yn araf, araf, ysgafn, ysgafn dros fin ei chlogyn ac yna tynnu'r clogyn yn dyner tuag ato fel y gallai osod ei law y tu fewn i'r clogyn ac yn uniongyrchol ar sgert y ddynes. A dyna a wnaeth, gan gyflawni'r weithred yn feistrolgar o lyfn, a blaenau ei fysedd yn darganfod mai o felfed y gwnaethpwyd y sgert—ei hoff ddefnydd, defnydd a lwyddai bob amser i greu cynnwrf melys yn ei enaid. O'i deimlo yn awr o dan ei law, meddiannwyd ef gan don angerddol o hapusrwydd. Caeodd ei lygaid ac ildio ei hun yn llwyr i'r foment fendigedig. Ond eto nid oedd ond hanner ffordd i baradwys.

Ail-gychwynnodd ei law ar y genhadaeth ddelicet, a symud i fyny ac i lawr deirgwaith, a gwneud hynny yn ddifrifol o dyner ac ystyrlon, a Matthew yn teimlo gwres a thyndra'r cnawd a llyfnder y croen dan y melfed. O fendigaid fenyw! Heb edrych ar ei hwyneb, gwyddai Matthew i sicrwydd yn awr ei bod yn mwynhau ei weithrediadau. Efallai bod ei gŵr yn greadur garw a gorwledig, a hithau wedyn yn gwerthfawrogi cyffyrddiad barddonol y dyn dieithr a feddiannai ei choes yn awr— dyn mor fonheddig ei olwg a chyfrwys-gariadus ei dactegau!

Dwysâodd gwasgedd y bobl o'u hamgylch, a llais y

gwerthwr yn parhau yn ddi-dor, twrw'r farchnad yn cynyddu, a goleuadau'r lampau yn fwyfwy llachar wrth i'r prynhawn droi yn nos. Ac yng nghanol y myrdd a'r miri a'r cyffro a'r sŵn wele Matthew yn ei ynys fach o orfoledd tawel! Caeodd ei lygaid eto, a'i law yn teithio i fyny ac i lawr y melfed ac yn fwy mentrus a beiddgar gyda phob symudiad. 'O Mary!' meddai o dan ei anadl, gan gofio'r munudau gogoneddus a brofodd yng nghwmni Mary Claude, y ferch o dras Ffrengig y bu ei theulu yn gymdogion am gyfnod i deulu Matthew . . . Mary Claude a'i llygaid glas a'i chorff siapus, a hwnnw yn gynnesfywiog o fewn y wisg o felfed glas. 'Mary!' meddai eto, a'i feddwl yn ôl ar lethrau'r mynydd lle gorweddasant gyda'i gilydd yng ngolau'r lloer, a'i law dde yn ymbalfalu drwy ei dillad.

Ysgytwyd Matthew yn ôl i'r presennol gan y gwthio o'i amgylch, a sylweddoli bod symudiadau ei law dde ar draws y melfed yn awr yn bur wyllt ac afreolus, a'r ddynes yn parhau yn dawel a bodlon ei byd. Ataliodd Matthew ei weithrediadau am foment—heb dynnu ei law i ffwrdd—ac edrych ar y fenyw, ac yna teimlo'n anesmwyth o weld mynegiant ei hwyneb. Codai ei haelau yn gynnil-ddirmygus, a'i llygaid yn edrych arno braidd yn oeraidd, a'r wên ar ei gwefusau wedi troi yn nawddoglyd. Ni chafodd Matthew yr adwaith yna mewn unrhyw farchnad o'r blaen. Teimlai ei hun yn gwrido. Eto i gyd, cadwodd ei law ar y goes gynnes; roedd yn gyndyn i dorri'r cysylltiad cnawdol rhyngddo ef a'r ddynes ryfedd yma. Gwenodd arni, a chael ei ddrysu gan ei hymateb. Y cwbl a wnaeth hi oedd troi ei llygaid tuag at y gwerthwr, a'i gwefusau yn dal i wenu'n gynnilwawdlyd; eto, er gwaethaf y mynegiant ar ei hwyneb, roedd hi'n gwbl fodlon i'w law aros ar ei choes. Roedd yna ddirgelwch—dirgelwch deniadol—o'i chwmpas. Penderfynodd Matthew ailgychwyn ar yr antur a gorchymyn i'w law fynd ati unwaith eto.

'Chi syr!' Gwibiai llais y gwerthwr uwchben y dorf, a Matthew yn gwybod ar unwaith mai ato ef yr anelwyd y geiriau. 'Chi syr! Gŵr bonheddig os gweles i un erioed! Toriad eich dillad chi, ac urddas eich ymddygiad chi! Maen nhw'n awgrymu eich bod chi'n gyfarwydd â stafelloedd moethus, byd y *drawing-rooms* a'r *soirées*, os ga' i ddefnyddio'r Ffrangeg am foment. Mae'n fraint i ni gael eich cwmni. Wel rwy'n apelio atoch chi, syr! Fel un sy'n gyfarwydd â phobl o dras uchel, fe gyfaddefwch ichi weld sgarff debyg i hon yn addurno gwddf sawl iarlles a duges ac arglwyddes! Ac os felly, fe gytunwch fod y pris rwy'n ei ofyn yn chwerthinllyd o isel. Ategwch fy ngeirie, syr! Rhyngom ni'n dau, fe wnawn yn siwr na fydd y merched melys yma, y gwragedd golygus yma, pob un yn Fenws-fythgofiadwy—fe wnawn yn siwr na fyddan nhw'n colli'r fargen fwya yn holl hanes march nata!'

Edrychai'r holl dorf ar Matthew, a hwnnw'n bendithio'r ffaith bod ei law dde yn anweledig. Unwaith eto teimlai ei hun yn gwrido. Melltith ar y gwerthwr! Yr unig ffordd i ddatrys y broblem oedd trafod y sefyllfa mewn ysbryd ysgafn. 'Rych chi yn llygad eich lle!' gwaeddodd Matthew. 'Mae'r sgarff yna yn ddarn o ddefnydd hyfryd tu hwnt, a'r pris yn un teg. Ond beth am dalu teyrnged arall i'r gwragedd yma drwy dorri ceiniog arall oddi ar y pris? Yna fe enillwch 'u hedmygedd nhw yn ogystal â'u harian nhw!'

Gwenodd y gwerthwr. 'Rych chi'n gwybod sut i drafod merched, syr! O'r gore! Fe dynna i geiniog arall oddi ar y pris—a threulio gweddill fy mywyd yn y wyrcws! Marw mewn tlodi, ond yn hapus o wybod fy mod i wedi goleuo bywydau'r gwragedd deniadol yma. Nawr 'te, syr; jest i ddechre pethe, wnewch *chi* brynu sgarff? Anrheg ogoneddus i'ch gwraig neu eich cariad,—ac efalle i'r ddwy ohonynt, os brynwch chi bâr!' Winciodd yn braf. 'Beth amdani, syr?'

Nodiodd Matthew, ac â'i law chwith tynnodd yr arian o'i boced, a chwifio'r ceiniogau uwch ei ben, a'r bobl o'i flaen yn trosglwyddo'r arian i'r gwerthwr, ac yna yn trosglwyddo'r sgarff yn ddiogel i Matthew, sgarff o'r coch-a-melyn mwyaf llachar a welwyd erioed. Gwthiodd Matthew y sgarff i'w boced, gan obeithio na syrthiai llygad y gwerthwr arno mwyach. Rhuthrai'r dorf i brynu, a choedwig o ddwylo yn saethu i fyny a chynnig yr arian, a'r awyr yn awr yn llawn o sidan lliwgar.

Ond glynai llaw dde Matthew wrth y goes fendigedig, a Matthew yn sylwi nad oedd y ddynes wedi ei themtio gan y gwerthwr; ac wrth i'w law ddechrau crwydro unwaith eto a phrofi gwead y melfed a chynhesrwydd y croen oddi tano, ailymddangosodd y wên ddirmygus ar ei hwyneb. Cynhyrfwyd Matthew i ddwysáu'r driniaeth nes i symudiadau ei law ymylu ar fod yn ffyrnig.

Trodd y ddynes ato, 'Diar mi!' meddai, a'i llais mor felfedaidd â'i sgert. 'Rych chi *yn* mwynhau eich hunan, on'd ych chi?'

Daeth cenhadaeth y llaw dde i ben yn gynt na phryd. Ni wyddai Matthew beth i'w ddweud.

'Rych chi'n ddyn bywiog, a dweud y lleia', meddai'r ddynes: 'ond yn gwneud eich gwaith gore yn y dirgel, ddwedwn i.'

Teimlai Matthew ei gorff yn crebachu, a gogoniant y dydd yn cyflym ddiflannu. Gresyn na fuasai wedi dianc, fel yr arferai wneud, cyn i unrhyw ymgom ddatblygu.

'O ble rych chi'n dod?' holai'r ddynes.

'O Lundain,' meddai Matthew yn swil reit.

'Dyna roeddwn i'n dybio,' meddai hi, 'o glywed eich acen ffansi, mor wahanol i'n hacen ni yn y cylch 'ma. Heb sôn am eich dillad crand, wrth gwrs. Yn Llundain mae Mary yn byw hefyd? Rych chi'n hoff iawn ohoni, a barnu wrth y ffordd roeddech chi'n llefaru 'i henw jest nawr.'

Roedd y sefyllfa'n beryglus. Rhaid encilio ar unwaith;

ond eto rhaid cadw rhywfaint o urddas a hunan-barch. Daeth ysbrydoliaeth sydyn. Gwthiodd Matthew ei law i'w boced ac estyn y sgarff lachar. 'Mae'n rhaid imi fynd,' meddai, gan osgoi llygaid y ddynes. 'Busnes pwysig yn galw. Ond cyn ymadael, hoffwn ichi dderbyn y sgarff yma, a'i chadw fel memento.'

Derbyniodd hi'r anrheg yn llawen. 'Diolch; ond rwy wedi derbyn sawl memento oddi wrthych yn barod.'

'Beth ych chi'n feddwl?'

'Y cleisie ar fy nghoes.' Winciodd y ddynes arno. 'Mae fy nghroen braidd yn dyner. Ond mae'n siwr o wella cyn bo hir, sy'n fwy na wnewch *chi*. Mae angen triniaeth arbennig arnoch chi; ac rwy'n siwr y galla i'ch helpu chi. Rwy'n byw yn fferm Bryn-y-groes, jest tu allan i'r dre. Efalle yr hoffech chi alw heibio. Fe gawn ni sgwrs fach gartrefol, jest ni'n dau—fe wna fyd o les ichi.' Siglodd ei phen yn araf. 'Pŵr dab,' meddai, a'i llais yn llawn tosturi, a'r wên uffernol yna yn dal ar ei gwefusau.

PENNOD 4

ROEDD y bore yn dirwyn i ben, a'r ysgolfeistr yn rhoi prawf Daearyddiaeth i'r ysgol. Am wythnos gyfan bu'n gwthio'r ffeithiau angenrheidiol i mewn i bennau'r disgyblion: rhestr o siroedd Lloegr, yn ogystal â maint a phrif dref pob sir. Teimlai'n argyhoeddedig y byddai Matthew Arnold yn ei ganmol am ei waith trylwyr, ac yn cydnabod na cheid y math fanyldeb mewn unrhyw ysgol arall yn y deyrnas.

Gadawsai'r plant hynaf eu desgiau, ac ymuno â'r plant ieuengaf yn y galeri; a'r ysgol gyfan, felly, yn eistedd ar y meinciau a godai fesul rhes hyd at y nenfwd. Safai Preece o flaen y galeri, a rhythu'n fileinig ar ei ddisgyblion. Safai Dafydd wrth ei ymyl, a gallai synhwyro'r casineb a ffrydiai allan o'r ysgolfeistr.

'Wel, wel, wel!' meddai Preece, a phwysleisio pob gair drwy daro ei gansen yn erbyn ei goes dde.

Distawrwydd. Teimlai Dafydd yr ofn a gydiai yn y plant; gwyddent hwy, fel y gwyddai ef, arwyddocad goslef arbennig y llais. Adwaenent y bygythiad.

'A! Angharad James!' Chwipiodd llais Preece ei ffordd tuag at ferch dal, denau, welw ei hwynepryd a eisteddai yn y rheng flaen.

Gwingodd Dafydd. Mor aml y câi Angharad ei hun yn wrthrych dirmyg yr ysgolfeistr . . . yr oedd fel petai *sain* y gair 'Angharad', ei Gymreictod clir ac anwadadwy, yn herio Preece. I wneud pethau'n waeth, perthynai Angharad i deulu Evan a James James o Bontypridd, y naill yn awdur a'r llall yn gyfansoddwr cân wladgarol a gipiodd calonnau gwerin Cymru o'r foment pan y'i perfformiwyd hi am y tro cyntaf mewn rhyw gapel ym Maesteg. Yn llygad ei ddychymyg yn awr, gwelai Dafydd yr olgyfa ddramatig ar sgwâr Abergarth ar brynhawn Sadwrn yn ddiweddar . . . Owain James, tad Angharad, newydd faglu ei ffordd allan o'r dafarn gerllaw. Yr oedd Owain yn dipyn o denor, a'i lais yn pefrio â disgleirdeb cwbl unigryw dan ddylanwad cwrw. Y prynhawn hwnnw, rhoddodd Owain ddatganiad gwefreiddiol o'r gân newydd, ac yna cyhoeddi i'r gynulleidfa *ad hoc* a oedd wedi ymgynnull o'i amgylch bod y gân wedi ei hanelu at 'y tri mwlsyn o Loegr, Eingen, Symons a Johnson, ynghyd â'r blydi bradwyr o Gymry a fwydodd y tri ag arlwy o gelwydde ffiaidd amdanoch chi a minne.' Digwyddai Dafydd fod yn y gynulleidfa, a sylwi bod llygaid Owain, yn ystod y cyhoeddiad, wedi eu hoelio ar Preece, a arferai fynd am dro drwy'r dref fechan bob prynhawn Sadwrn. Dihangodd yr ysgolfeistr yn go sydyn, a'i wyneb yn borffor . . .

'On your feet, Angharad James!' taranodd Preece.

Cododd Angharad. Llithrodd cudyn o'i gwallt euraid ar draws ei thalcen. Ceisiai ei dwylo lyfnhau plygiadau'r smoc ddisglair-wen a wisgai dros ei sgert o wlanen garw.

'We are honoured,' meddai Preece, 'to have in our midst a member of so musical a family. *I* don't have uncles and cousins who can produce cheap little songs to satisfy the tastes of cheap little people. Do *you*, John Jones?' Hyrddiwd y cwestiwn yn sydyn ac annisgwyl at fachgen yn rheng uchaf a phellaf y galeri. Cafodd John dipyn o ysgytwad, ac yntau ar y pryd yn prysur sychu ei drwyn ar lawes ei got.

'No sir, never sir, no sir!' Carlamai'r geiriau allan o wefusau crynedig y bachgen.

'I thought not. But you *do* have a mother?'

'Yes sir!'

'Stand up, boy!'

Yn afrosgo a sigledig, cododd John, ac arswyd pur yn gwyngalchu ei wyneb.

'And she is sound in wind and limb?' holai Preece yn ffyrnig.

'Beg pardon, sir?'

'Your mother, boy! Is she in a sound state of health?'

'Yes sir!'

'Then see to it that she provides you with a large, *very* large handkerchief every day next week. When Mr Matthew Arnold visits us, I don't want him upset and nauseated by the sight of a boy with a runny nose and a slimy, snot-covered sleeve. Is that clear?'

'Yes sir!' sibrydodd John.

'Raise your voice, boy!'

'Yes sir!' bloeddiodd John.

Ymddangosai Preece yn ansicr a oedd gwaedd John yn ymylu ar haerllugrwydd. Rhythodd ar John, a hwnnw'n crebachu o fewn ei ddillad.

'Sit down!'

A John druan yn suddo i lawr i'w sedd, crwydrai llygaid Preece dros y rhengoedd o blant. Glynai llygaid a chalon Dafydd wrth Angharad, a oedd yn dal ar ei thraed, ei dwylo'n dal i lyfnhau'r smoc, a'i llygaid mawr gleision yn hofran yn bryderus o amgylch yr ysgolfeistr.

'A,' meddai Preece, a phawb yn ceisio dyfalu ble disgynnai'r fellten.

'Handel Huws!' cyfarthodd Preece. 'Now *there's* a musical name if ever there was one! On your feet, Handel! Your father *must* have had the famous composer in mind when he gave you the name "Handel", didn't he?'

'Don't know, sir,' meddai Handel, bachgen gwanllyd, anniben ei osgo, a'i wallt coch a'i wyneb tenau, delicet, brycheulyd yn cynnil gyfeirio at yr asthma a'i boenydiai yn rheolaidd.

'But your father doesh't sing outside public houses on Saturdays, does he?' meddai Preece.

'No sir, please sir, no sir!' atebodd Handel yn ofnuswyllt.

'I should think not! Sit down, Handel Huws, and be grateful for the blessing of a sensible father.'

Eisteddodd Handel, ond nid cyn iddo daflu edrychiad at Angharad, a'r edrychiad fel petai yn cynnwys deisyfiad am faddeuant.

'Well now,' meddai Preece, 'it's quite clear that few of us have the rich musical background of Angharad James. We cannot hope to compete with her in that respect. Our only hope lies elsewhere, perhaps in the geographical details we've been studying so closely during the past week. Victoria Thomas!'

Cododd Victoria ar unwaith, a syllu ar yr ysgolfeistr.

Pe gofynnid i Dafydd enwi unrhyw ddisgybl nad oedd yn gwbl golledig i fraw ac arswyd bob tro y safai o flaen Preece, Victoria Thomas fyddai'r enw ... Merch ag elfen gref o ddireidi a diawlineb yn ei chyfansoddiad. O edrych ar ei llygaid du bywiog, y ffrwydrad o wallt cyrliog trwchus ar ei phen, a'r wawr frowngoch dywyll ar ei chroen, hawdd credu'r stori bod ei mam wedi bod yn or-garedig wrth ryw sipsi lysti a ddeuai ar bererindod i Abergarth o leiaf unwaith y flwyddyn.

'Now then, Victoria Thomas! Please be good enough to name the chief town of Northumberland!' gorchmynnodd Preece.

I Victoria, yr oedd Northumberland mor ddistadl â'r lleuad; yn *fwy* distadl, a dweud y gwir, oblegid yr oedd y lleuad yn weladwy. Ond gwenodd Victoria yn fuddugoliaethus, a fflachio'i dannedd disglair-wyn, ac ateb yn sydyn, 'Newcastle!', ac eistedd i lawr.

Disgwyliai Dafydd i'r ysgolfeistr ymfflamychu o

glywed y ferch yn ateb mor swta a di-lol heb gynnig y gair 'syr', a hefyd o'i gweld yn eistedd heb ei ganiatâd. Ond y cwbl a wnaeth Preece oedd dweud, 'Well done, Victoria Thomas! A model answer!' a throi ei olygon at Angharad. 'Did *you* hear that model answer, Angharad James?'

'Yes, sir,' sibrydodd Angharad.

'Good! And we all hope that you can match it, Angharad James,—do we not, children?' meddai Preece, gan droi at yr holl ysgol.

'Yes sir,' daeth cytgan o leisiau petrusgar.

'Indeed we do!' Holltwyd wyneb Preece yn awr gan wên echrydus, gwên a barodd i enaid Dafydd grychu a chrebachu. Cyfeiriwyd y wên yn uniongyrchol at Angharad. 'I very much regret that your musical background will be of no help to you in your attempt to answer this next question, Angharad James! I cannot even offer you a tankard of beer to inspire you and loosen up your vocal cords. Nevertheless, I expect an answer! At the very first time of asking!'

Safai Dafydd yn ddigon agos at Angharad i weld y perlau o chwys yn ffurfio ar ei chroen. Teimlai ei enaid yn wylofain dros y ferch—dros ei thynerwch, dros ei sensitifrwydd, ac yn bennaf oll dros yr ataldweud a oedd yn gymaint o felltith ar ei bywyd, atal dweud a ddeuai i amlygrwydd hagr a phendant mewn cyfnodau o densiwn.

'Angharad James! Name the chief town of Somerset!'

'B . . . B . . . B . . . ' oedd yr unig sŵn a ddaeth o wefusau Angharad.

'We are waiting!' bloeddiodd Preece, a gredai nad oedd unrhyw reswm digonol dros atal dweud. Fel yr esboniodd sawl gwaith i Dafydd, gellid goresgyn y nam yn hawdd ond i'r goddefwr *fynnu* gwneud hynny a dangos tipyn o benderfyniad a chryfder ewyllys.

'B . . . B . . . B . . . B . . . ' Ceisiai Angharad â'i holl nerth i fynd heibio'r gytsain gyntaf, a thonnau coch o swildod a chwithdod yn llifo dros ei gwddf a'i hwyneb ac i fyny i'w thalcen.

'Concentrate, girl! You have a tongue like the rest of us, have you not?' rhuodd Preece.

Nodiodd Angharad.

'And you know the answer to the question?'

Nodiodd Angharad drachefn.

'Then let us hear it at once!' Yr oedd wyneb Preece yn awr cyn goched ag un Angharad.

Cafwyd ymgais arall gan Angharad, ac yna un arall drachefn, a'r cwbl yn ofer. Yna distawrwydd, distawrydd peryglus, a'r distawrwydd yn parhau am funud gyfan. O'r diwedd dyma Preece yn ailddechrau taro'i goes â'i gansen, a thrawiadau'r gansen mor rheolaidd â thiciadau bom.

'Angharad James!' Tasgodd y geiriau allan o wyneb llosgfynyddig Preece. 'You're a disgrace to me! A disgrace to your friends! A disgrace to the entire school! How often have I told you, during the last few days, that Mr Matthew Arnold is a poet, a skilled artist in the use of words? How do you think he will feel if he hears you mangling them so shamelessly? Eh? We have only one course of action open to us. When Mr Arnold visits us next week, you will stay at home! Is that clear?'

Nodiodd Angharad.

'Sit down!' taranodd yr ysgolfeistr.

Ufuddhaodd Angharad, a Dafydd yn dyheu am fynd ati i'w chysuro.

'Daniel Lewis!'

Daniel druan fyddai'r aberth nesaf felly. Ers i'w dad gael ei garcharu, profodd Daniel fin tafod a chansen yr ysgolfeistr. Bob tro y byddai rhyw eitem fach o eiddo'r ysgol yn mynd ar goll, gofynnid ar unwaith i Daniel wacáu ei bocedi—anrhydedd na roddid i unrhyw ddisgybl arall.

'Stand up. Daniel Lewis!'

37

Â'i wyneb bron cyn wynned â'i grys, cododd Daniel.
'Daniel Lewis! *You* name the chief town of Somerset?'
Dim ateb.
'The chief town of Somerset,' meddai Preece, 'and the exact area of the county, to the nearest acre!'
Dim ateb.
'You haven't learnt your work, have you, boy? Answer! You haven't learnt your work, have you?'
Siglodd Daniel ei ben.
'Don't shake your turnip head at me, boy! Are you dumb? Or is your tongue occupied with yet another crust of bread?' Roedd llais Preece yn awr yn sgrech fain a threiddgar.

'Na, syr,' sibrydodd Daniel, a'r braw a ruthrai drwy ei enaid wedi gwthio gair o Gymraeg drwy ei wefusau. Felly y cyflawnodd Daniel y Pechod Mawr, a gwneud hynny nid yn unig ar *dir* yr ysgol ond o fewn yr adeilad ei hun—haerllugrwydd ar raddfa hanesyddol. Edrychai ei gyd-ddisgyblion ar ei gilydd mewn syndod. Sylweddolent faint y drosedd a'r canlyniadau echrydus a ddeilliai ohono.

Anadlai Preece yn drwm a stwrllyd. Trodd at Dafydd. 'Did you hear that, Williams? My ears did not deceive me, did they? He used the forbidden tongue, did he not?'

'Yes sir,' meddai Dafydd, a theimlo ei hun yn fradwr o'i gopa i'w sawdl.

'Then fetch him down here!'

O'i anfodd, hebryngodd Dafydd y crwt bach i lawr o'r galeri.

'Take him across to my desk!'

Tywyswyd Daniel i'r ddesg fawr.

'Lie on top of my desk, Lewis!'

Ceisiodd Daniel ufuddhau, ond yn ei gryndod llithrodd i'r llawr.

'Hoist him up, Williams!' meddai Preece. 'He won't

save himself by these delaying tactics! That's it! Now make him lie face downwards! Smooth him out in readiness! There will come a time, Williams, when *your* authority is insulted, and you must learn how to deal with the situation. Spread him out flat, Williams! Arms outstretched! Head hanging over the edge of the desk! That's it! Now stand clear and watch.'

Roedd ymroddiad Preece i'w ddyletswydd yn llwyr ac egnïol a'r gansen hir yn chwibanu'n arswydus ar ei thaith gan fygwth hollti Daniel yn ddau. Derbyniodd y crwt dair ergyd a'i gorff yn plycio ac ysgwyd dan yr ymosodiad mileinig. Crynai Dafydd, a theimlo ei ewinedd yn brathu cledrau ei ddwylo, ei groen yn chwysu'n ddiferol, a'i galon yn carlamu. Sylwai ar gywreinrwydd techneg yr ysgolfeistr, ar y ffordd y newidiai Preece ongl bob ergyd er mwyn sicrhau y byddai'r gansen yn disgyn bob tro ar ran wahanol o gefn Daniel ac o ganlyniad yn ehangu maes y dinistr. Gwingai a griddfanai Daniel yn ei boen.

'Keep still, boy! How can I take proper aim if you go on twisting youself like that? And stop that infernal snivelling!'

Ar gyfer y bedwaredd ergyd, paratodd Preece ei hun yn ofalus, â'i goesau ar led a'i *ddwy* law yn gafael yn y gansen. Y tro yma, disgynnodd yr arf gyda chymaint o rym nes tynnu sgrech allan o Daniel, a chorff y crwt yn tasgu oddi ar y ddesg a syrthio'n swp i'r llawr.

'What a fine little actor he is, to be sure!' meddai Preece. 'What a brilliant show of suffering! Well, let's provide him with a little prop to help him along with his acting. Fetch the board, Williams. You know where it is.

Aeth Dafydd at y cwpwrdd, a'i agor yn araf, a gafael yn yr astell ddieflig o bren, astell o ryw droedfedd sgwâr â'r llythrennau WN wedi eu peintio'n fras ar ei thraws, a chortyn ymghlwm wrthi fel y gellid ei hongian fel y mynnid.

'Now then, Williams! Invest the wretch with the decoration he so richly deserves! And then take him out, and see that he wears his badge of infamy for the rest of the day.'

Syllodd Dafydd ar y bwndel o ddioddefaint a riddfanai wrth ei draed. Penliniodd, a'i enaid yn wylofain wrth weld Daniel yn cynnig ei wddf yn addfwyn i'r cortyn. Gafaelodd Dafydd yn y crwt, a'i hanner-dynnu a'i hanner-gario tuag at y drws ac yna allan i'r iardchwarae, a'i osod i eistedd ar garreg fawr yn y cornel pellaf. Ac yno y treuliodd Daniel y gweddill o'r dydd, yn oer a thawel a llonydd ac unig, a theimlo fel un o'r gwahanglwyfus y clywodd sôn amdanynt yn y gwersi ysgrythur.

Wedi i'r ysgol gau am y diwrnod hwnnw, a Dafydd Williams wedi derbyn ei hyfforddiant arbennig cyn diflannu â'i feddwl a'i gorff yn gyfoethocach, taflodd Preece ragor o lo ar y stof, cynnau cannwyll a'i gosod ar y ddesg, ac yna eistedd yn ei gadair. Daeth yr amser i ysgrifennu yn ei ddyddiadur—cyfrol breifat iawn, ond un a ddangosai ryw ddiwrnod i'w ffrindiau agosaf, dynion wedi eu llunio ar yr un patrwm ag yntau, gwŷr detholedig a chanddynt chwantau ac archwaethau tu hwnt i amgyffred y werin ddi-ddychymyg. Felly rhaid cymryd gofal wrth yr ysgrifennu, a mynegi ei hun â thipyn o steil. Beth bynnag, roedd ei feddyliau a'i brofiadau yn llawer rhy gyfoethog-unigryw i'w carcharu o fewn rhyddiaith gyffredin a dilewyrch. Gafaelodd yn ei ysgrifbin a dewis ei eiriau yn ofalus:

'Mae'r wythnos wedi bod yn un arbennig o lwyddiannus, a Dafydd Williams yn ymateb i bob galwad. Yn fy nwylo—dyna gymal addas!—yn fy nwylo, mae'r llanc yn datblygu'n addawol tu hwnt, a'n sesiynau preifat yn ynysoedd gwynfydedig. Y prynhawn yma, ond rhyw gwarter awr yn ôl, eisteddasom wrth y ddesg yma, a thrafod trefn geiriau mewn brawddeg, a minnau'n pwysleisio'r peryg o undonedd mewn brawddegau gorlyfn, a dangos rhinweddau anrhefn, a'r cyffro a geir ym marddoniaeth Saesneg o osod y ferf o flaen y goddrych, a'r adferf o flaen y ferf:

> *Fair laughs the morn, and soft the zephyr blows,*
> *While proudly riding o'er the azure realm*
> *In gallant trim the gilded vessel goes,*
> *Youth on the prow, and pleasure at the helm.*

Yna, yn y modd mwyaf cynnil a chlyfar, fe weais gysylltiad rhwng barddoniaeth a'r natur ddynol, a chrybwyll y bendithion anhraethadwy a ddeilliai o ddymchwel y drefn naturiol a thraddodiadol, a throi dyhead cnawdol dynion i ffwrdd oddi wrth y merched, a chyplysu dyn â dyn, bachgen â bachgen, neu—a dyma binacl y broses!—dyn â bachgen. O mor gywrain a chyfrwys oedd y rhesymeg a ddefnyddiais! Mor dyner a dewinol oedd goslef fy llais, mor swynol y geiriau! A'r llanc yn profi ei hun yn brentis bach hyfryd, yn aeddfed ei gorff a'i feddwl, ac yn ymateb yr un mor barod i gyffyrddiad llaw ag i syniad haniaethol. Pwy all wadu fy ngalluoedd gwyrthiol? Oes yna berson arall yn yr holl fydysawd a fedr droi gramadeg yn ganllaw i wrywgydiaeth? Go brin!

Mor llawn yw fy mywyd! Fore heddiw fe ddeliais â Daniel Lewis, bachgen bach diraen a diwerth, a gwaed dihirod yn ei wythiennau. Rhoes reswm perffaith i mi ei ddwyn ger fy mron a'i ddedfrydu yn ôl y gyfraith, fy Nghyfraith i! Trosedd yn erbyn y Seithfed Ddeddf. (Trowch i dudalen cyntaf y dyddiadur yma, ddarllenydd annwyl, i weld y rhestr o'r Deddfau). Ac roedd Ffawd, yn ei doethineb, wedi trefnu bod Gwialen Rhif Saith gen i yn yr ysgol. Rhyfedd o beth, yntê!

Taenwyd a threfnwyd Daniel Lewis yn daclus ar draws wyneb fy nesg. Onid oes yna le anrhydeddus yn fy mywyd i'r darn yma o ddodrefn? Bron na ellir ei ddyrchafu i statws allor. Ar draws y ddesg sanctaidd yma, felly, y gosodwyd y dihiryn.

Nawr fe all gwrthdrawiad rhwng darn o bren a chnawd dynol fod yn beth anifeilaidd a chyntefig. Ond pan fo'r pren wedi ei ddewis yn ofalus, a'r cnawd yn ddetholedig o dyner; pan yw'r person a ddeil y gansen yn rhan o ryw Gynllun Mawr, a'i fraich yn nerthol a'i Achos yn gyfiawn; os yw'n paratoi pob ergyd yn fanwl ac yn arllwys ei enaid i mewn i bob un; os yw'r enaid hwnnw yn ddigon sensitif i ddychmygu ing y dioddefwr a theimlo'r wialen yn dryllio'r cnawd a rhwygo'r croen . . . . yna, fe drawsnewidir yr achlysur i fod yn olygfa artistig, golygfa yn teilyngu cyfeiliant cerddorol.

A dyna oedd y sefyllfa heddiw, a'r ergyd olaf yn fy nyrchafu i gyflwr o orfoledd pur, a'm corff yn crynu mewn llawenydd. Roedd Dafydd Williams yn llygad-dyst i'r weithred; rwy'n siwr iddo edmygu'n ddirfawr y modd diffuant ac ymroddedig y cyflawnais fy nyletswydd-au. Ond ni wyddai am un agwedd ogleisiol-felys o'r sefyllfa. Mor glir y cofiaf y diwrnod pan ddaeth tad Daniel ataf i ofyn am waith,—unrhyw orchwyl bach a roddai geiniog neu ddwy yn ei boced. Roedd yn ddyn hardd a chyhyrog; edrychais i fyw ei lygaid, a meddwl imi weld posibiliadau yno.

Cynigiais dasg syml iddo, un syml ond eto un bwysig. Roedd arnaf angen darn newydd o bren i hongian wrth yddfau'r plant hynny a gyflawnai'r Seithfed Pechod. Rhoddais y mesuriadau iddo heb ddatgelu pwrpas y pren. O fewn diwrnod neu ddau fe ddychwelodd, â'r pren o dan ei gesail,—pren ardderchog o drwm a thrwchus, a chortyn digon cwrs a garw ei wead i rygnu a rhathu'r croen mwyaf gwydn.

Euthum â'r saer-amatur i mewn i Dŷ'r Ysgol a'i dalu am ei gampwaith, ac wrth imi roi'r ceiniogau iddo, fe gydiais yn ei law am sawl eiliad, a gwenu arno. Cefais fy siomi. Roedd yn rhy dwp i ddeall, neu yn rhy israddol ei natur i werthfawrogi'r pleserau anghyffredin ac aristocrataidd a gynigid iddo. Tynnodd ei law yn ôl a cherdded allan heb ddweud yr un gair.

Fe'm brifwyd gan y gwrthodiad. Mor llawen oeddwn, felly, o glywed am ei garcharu ryw fis neu ddau yn ddiweddarach! Mae Rhagluniaeth o'm plaid; does dim sicrach. Yn wir, hanner-credaf fod Duw yn edrych yn dra charedig ar wrywgydwyr. Synhwyrais bresenoldeb Ei law yn nigwyddiadau'r bore yma. Dygwyd Daniel Lewis fel aberth ger fy mron, a minnau'n gweithredu ag angerdd a dwyster uwch-offeiriad, a'r crwt wedyn yn treulio gweddill y dydd a champwaith ei dad yn hongian wrth ei wddf,—y troseddwr cyntaf i wisgo'r pren newydd. Pwy ond yr Hollalluog fedrai drefnu diweddglo mor bert?'

PENNOD 5

DIM ond unwaith y cyfarfu Emma Vaughan â Preece, ond ni bu ymddiddan rhyngddynt, a hithau heb deimlo unrhyw awydd i ddod i'w adnabod yn well. Ond wedi clywed am ymosodiad creulon yr ysgolfeistr ar Daniel Lewis, penderfynodd Emma ar unwaith fynd i ymweld â Preece.

A'r nos yn cyflym ddisgyn, camodd Emma yn bwrpasol tuag at Dŷ'r Ysgol, a churo ar y drws. Synnwyd—a phlesiwyd—Preece o'i gweld. 'Miss Vaughan! Dyna beth *yw* syrpreis hyfryd! Dewch i mewn! Mae'n bleser o'r mwya' i'ch croesawu chi.'

Wrth iddi ei ddilyn ar hyd y pasej, penderfynodd Emma beidio â datgelu ar unwaith bwrpas ei hymweliad. Fe gymerai arni ei bod yn mwynhau ei gwmni a'i ymddygiad gwasaidd, a threulio rhyw hanner awr yn astudio ei gymeriad a threiddio i'w ddyfnderoedd. Roedd ei barlwr yn gyffordus: dwy gadair freichiau o boptu'r tân, ffender bres, y lamp olew ar y ford yn taenu golau cynnes, a'r cynhesrwydd yn cael ei ddyfnhau gan y lliain bwrdd coch a'r llenni o'r un lliw. Diosgodd Emma ei chlogyn.

'O, rhowch hwnna i mi, Miss Vaughan!' Derbyniodd y clogyn wrthi a diflannu i'r pasej. Daeth yn ei ôl a'i gwahodd i eistedd yn un o'r cadeiriau. Suddodd yntau i mewn i'r llall. 'Wel, Miss Vaughan... Fedra i fod o unrhyw wasanaeth ichi? *Gobeithio* y medra i.' Roedd ei wên yn gyfoglyd.

'Gobeithio'n wir.' Craffodd arno. Dyn tew am ei oedran, a'i fol yn llifo dros ben ei drowsus. Roedd croen ei wyneb yn afiach, ei lygaid yn ymwthio allan fel marblys, a'i wefusau yn drwchus. Irwyd ei wallt melyn â saim, a'r gwallt o'r herwydd yn glynu am ei ben gan ychwanegu'n sylweddol at hagrwch ei bersonoliaeth, fel y gwnaeth ei lais gwichlyd. 'Rych chi wedi gwneud y tŷ yma'n gyfforddus iawn, Mr Preece. Mae olion chwaeth ganmoladwy i'w gweld. Fedrai *menyw* ddim gwneud yn well! Dych chi ddim yn briod, wrth gwrs?'

Siglodd ei ben, a'i ymarweddiad braidd yn anghyffyrddus.

'Dylsech ystyried hynny o ddifri, Mr Preece. Wedi diwrnod caled o waith yn yr ysgol, mae angen cysur gwraig dda ar bob ysgolfeistr. Ac *mae'r* gwaith yn galed, on'd ydi?'

Nodiodd Preece. 'Mae'n dipyn o dreth ar ddyn. Ond eto mae iddo ei wobrau.'

'Oes? Faswn i ddim wedi meddwl hynny. Mae gwthio gwybodaeth i mewn i benglogau plant y werin yn siwr o fod yn dasg ddi-ddiolch.'

'Dim yn hollol ddi-ddiolch, mae'n dda gen i ddweud, Miss Vaughan. Fe werthfawrogir fy ngwaith gan uchelwyr y proffesiwn.'

'Uchelwyr?'

'Pobl bwysig yn Llundain.'

'O? Sut maen *nhw* yn gwybod be' sy'n digwydd yn y rhannau anghysbell yma o'r deyrnas?'

'O, fe wyddant yn iawn, Miss Vaughan, credwch chi fi! Yn wir, y foment yma mae 'na ddyn disglair iawn wedi cyrraedd o Lundain ac yn arolygu'r ysgolion yn y rhanbarth yma . . . Dyn nodedig o ddisglair.'

'Rych chi'n fy synnu.'

Pwysodd Preece ymlaen yn ei gadair. 'Ydych chi wedi clywed sôn am Mathew Arnold, y bardd enwog?'

'Rwy wedi darllen peth o'i waith,' meddai Emma heb fawr o frwdfrydedd.

'Dyn mawr yng ngwir ystyr y gair, Miss Vaughan!'
'Ydych chi'n 'i adnabod e?'

'Yn eitha' da. Yn ei waith fel Arolygwr Ysgolion, daeth i'm gweld pan oeddwn yn athro yng Nghaerdydd. Rwy'n meddwl y galla' i hawlio perthynas arbennig ag e, a'r ddau ohonom yn meddwl y byd o'n gilydd.'

'Wel, wel! Wrth gwrs, dydw i ddim yn synnu clywed bod ganddo barch i'ch gwaith chi Mr Preece.'

Pwysodd Preece yn ôl yn hapus, a gosod ei ddwy law yn daclus wrth ei gilydd, a'u codi i'w ên, ac edrych ar Emma dros ei fysedd. 'Wyddoch chi be' ddwedodd e wrtho i bryd hynny, Miss Vaughan?'

Siglodd ei phen.

'''Mr Preece,' meddai. Rwy'n dyfynnu yr union eiriau a lefarodd, Miss Vaughan—''Mr Preece, mae wedi bod yn fraint ymweld â'ch ysgol. Yn yr anialwch yma, rych chi wedi creu ynys fach o wareiddiad. Rych chi'n genhadwr, Mr Preece! Mae brodorion y fro yn drwm yn eich dyled.'' . . . Ei *union* eiriau, Miss Vaughan!'

'Da iawn chi, Mr Preece.' Wfft i Matthew Arnold felly, meddyliai Emma. 'Fel cenhadwr, ydych chi'n ymweld â chartrefi'r disgyblion?'

'Nefoedd fawr, na! Mae'n rhaid imi gadw fy mhellter, fel petai.'

'Mae rhai o'r plant yn diodde' *tipyn* o dlodi.'

Cododd Preece ei ysgwyddau.

'Anodd gen i gredu nad oes gennych gydymdeimlad â'r anghenus, Mr Preece, a chithau'n ddyn mor oleuedig.'

'Rwy' *yn* teimlo dros y rhai sy'n *haeddu* cydymdeimlad, Miss Vaughan.'

Casglodd Emma nad oedd llawer o bobl yn Abergarth yn deilwng i'w gosod yn y categori yna. Credai Preece, debyg iawn, fod tlodi yn arwydd o wendid cymeriad.

Syrthiodd llygad Emma ar gwpwrdd y tu ôl i gadair yr ysgolfeistr, cwpwrdd yn cynnwys nifer fawr o ffyncerdded,—neu felly yr ymddangosent ar yr olwg gyntaf. Roedd y casgliad yn un hynod. Safai pob ffon yn ei slot unigol, a phob un wedi ei sgleinio mor drylwyr nes i'r gwahanol brennau—rhai yn wyn, rhai yn felyn, rhai yn frown—roi'r argraff eu bod yn gwenu'n serchus.

'Feddylies i erioed amdanoch fel dyn yr awyr agored, Mr Preece.'

'Awyr agored?' Roedd ei ddryswch yn amlwg.

'Mae gennych ddigon o ffyn i gerdded i John O'Groats ac yn ôl.'

'O, y rheina.'

'Rych chi'n 'u casglu nhw?'

'Wel . . . y . . . '

Cododd Emma a cherdded draw at y cwpwrdd. Sylwai fod rhif wedi ei ysgythru'n gywrain ar garn bob ffon. 'Diar mi, rych chi *yn* trysori'r ffyn yma, Mr Preece. Ond beth ydi 'u diben nhw? Mae 'u gwaelodion nhw yn ymddangos yn rhy fain i ddal eich pwyse chi.' Yna fe wawriodd y gwirionedd arni. Dyma arfau Preece, yr arfau a ddefnyddiai yn y frwydr fawr yn erbyn anwybodaeth ddybryd y Cymry.

Penliniodd Emma o flaen y cwpwrdd i agor y drws gwydr a rhedeg ei bysedd dros y ffyn. 'Mor llyfn!' meddai yn dawel. 'Mor felys i'r bysedd! Mae gwneuthurwr y ffyn yma yn artist o'r gradd uchaf. Fyddech chi ddim yn cytuno, Mr Preece? Dim rhyfedd ichi eu parchu a'u trafod mor ofalus. Pa un yw eich ffefryn?' Tynnodd un o'r ffyn allan, un ddisglair felen, â'r rhif 7 ar ei charn. Ffon drawiadol—ansoddair arswydus o addas!—o hardd, anarferol o hir, a'r pren yn drwchus tuag at y carn ond yna yn meinhau'n gyflym. Arf a gyfunai ddau rinwedd—soletrwydd ac ystwythder. 'Nawr dyma eitem i gasglwr proffesiynol,' meddai Emma, gan godi a mwytho'r wialen. 'Ble yn y byd y cawsoch chi'r fath drysorau?' Roedd ei llais yn llawn diniweidrwydd melys.

'Rwy'n danfon amdanynt. Gan amla' dydyn nhw ddim yn ateb yn gwmws i'm pwrpas, ac mae'n rhaid imi weithio arnynt. Mae gen i offer at y gwaith, a phâr o ddwylo medrus.'

'Ac rych chi wedi gweithio ar hon?'

Nodiodd yn hunanfoddhaus. 'Fe dreilies orie arni, rhwng y llyfnhau a'r farneisio.'

'Mae'n wirioneddol brydferth,' meddai Emma. 'Rych chi'n ei chadw hi'n barhaol yn y cwpwrdd? Dim ond ei harddangos hi *in situ* fel petai? Byth yn ei thynnu hi allan a'i defnyddio at unrhyw bwrpas arbennig?'

Pesychodd yr ysgolfeistr.

'Wrth gwrs,' meddai Emma, 'mae'n hyfrydwch pur dim ond i edrych arni, rwy'n cyfadde. Ond pe bawn *i* yn berchennog arni, *ac* yn ysgolfeistr, buaswn i yn mynd â hi i'r ysgol—a'r ffyn eraill hefyd—fel y gallai'r plant wledda eu llygaid ar yr artistwaith aruchel. Ond efalle'ch bod chi *yn* mynd â nhw i'r ysgol!'

'O bryd i'w gilydd,' meddai Preece yn ofalus.

'Wrth gwrs! Dylswn fod wedi dyfalu! Rych chi'n fodel o ysgolfeistr, Mr Preece, yn defnyddio ffon i feithrin wybodaeth gwyddonol a chelfyddydol a mathemategol y plant!' Plygodd y wialen yn ofalus i siap parabola. 'Galla i'ch dychmygu chi yn traethu'n huawdl ar natur a gwead y pren, y nodweddion ffisegol a botanegol, yr ystwythder, y cysylltiad rhwng dirgryniad a sŵn, y gerddoriaeth sy'n cuddio yn y pren, y gân y tu mewn i'r gansen!'

Rhythai Preece arni'n syn, a'i lygaid bron â ffarwelio â'u socedau.

'Mae Mr Arnold yn feirniad craff iawn,' aeth Emma yn ei blaen, 'ac wedi'ch mesur chi i'r dim. Rych chi'n athrylith o ysgolfeistr! A'r plant lleol mor ffodus i fod yn eich gofal! Ond maen nhw'n gwybod hynny, rwy'n siwr. Ac wrth iddynt wrando'n feunyddiol ar eich geiriau ysbrydoledig, a sylwi ar eich wyneb wedi ei oleuo gan ddoethineb, a'ch llais yn gorlifo â thynerwch tuag atynt—diar mi, maen nhw'n addoli bob modfedd ohonoch chi!' Dychwelodd Emma i'w chadair, ac edrych yn daer ar Preece. Doedd bosib iddo beidio â sylwi ar yr elfen wawdiol yn ei llais? Neu a oedd ei enaid mor chwyddedig â'i gorff? Arglwydd Mawr, on'd oedd e'n greadur dychrynllyd!

Croesodd Preece ei goesau a siglo ei droed. 'Rych chi'n garedig iawn,' meddai, yn gwbl fodlon ar sylwadau Emma. 'Oes, mae lle gen i i gredu bod y plant *yn* gwerthfawrogi fy rhinweddau.'

'Dwedwch wrtho i, Mr Preece—ac rwy'n gobeithio na fyddwch yn fy marnu am fod yn rhy fusneslyd, ond mae gen i *gymaint* o ddiddordeb ynoch chi—' Fflicrodd Emma ei hamrannau yn bryfoclyd—'Oes gennych chi ddiddordebau y tu allan i'ch gwaith?'

'Mae'r ysgol yn cymryd cymaint o'm hamser. Rwy'n treulio fy holl egni ar y plant. Does gen i fawr o amser i bethau eraill.'

'Wrth gwrs; rych chi mor anhunanol. Ond rwy'n llawn chwilfrydedd amdanoch chi. A pha ryfedd, a chithe'n ysgolfeistr mor ddelfrydol—Paragon y Proffesiwn! Rwy bron â marw eisiau gwybod rhagor amdanoch chi, a chithe mor gyndyn i ddatgelu'ch hunan!' Pwysodd ymlaen yn ei chadar. 'Rych chi'n her, Mr Preece! Beth yw'r elfenne a ddefnyddiwyd yn eich gwneuthuriad? Ble cawsoch chi'ch geni? A beth am eich rhieni? Dwedwch wrtho i am eich tad. Rych chi'n tarddu o dras hynafol, ddwedwn i.'

'Pam rych chi'n dweud hynny?'

'Eich enw! *Preece* —llygriad o Ap Rhys! Diar mi! Efalle eich bod chi'n disgyn o un o'r hen Dywysogion Cymraeg! *Dyna* paham imi weld rhywbeth brenhinol yn eich ymddygiad.'

'Brenhinol?' Roedd y dryswch yn gyfartal â'r pleser yng ngoslef ei lais.

'Mae awdurdod yn *llifo* allan ohonoch chi, Mr Preece!

Nid *llywodraethu* ar eich ysgol yr ydych chi, ond *teyrnasu* drosti!'

Gwenodd Preece. 'Rych chi'n rhy garedig, Miss Vaughan.'

'Wnewch chi ffafr â mi?'

'Unrhyw beth, o fewn fy ngallu.'

'Ga i ddod i'r ysgol ryw ddiwrnod, i'ch gweld chi wrth eich gwaith ymysg y disgyblion—disgyblion mwya' ffodus Cymru?'

'Bydd yn fraint i'ch croesawu i'n plith.'

'Ardderchog!' cododd Emma, a rhoi'r gansen yn ôl iddo. 'Gwell ichi gael hon. Fyddech chi ar goll hebddi.'

Cerddodd Emma adref yn hamddenol, a'i hymennydd yn canolbwyntio ar gynllun i chwalu Septimus Preece.

Gwenai Sara Lewis iddi ei hun. Roedd hi ar ei phenliniau, yn sgwrio llawr y gegin yn Cambrian Villa. 'Na Gristion o fenyw oedd Emma Vaughan! Pan glywodd hi am yr ymgiprys rhwng Amos Parry a Sara, cynigiodd waith i Sara fel morwyn, gan ddweud bod unrhyw ddynes â'r dewrder i ymosod—a gadael ei marc—ar aelod cenhedlu Amos yn haeddu clod a chydnabyddiaeth gyhoeddus. 'Gobeithio,' meddai Emma wrth Sara, 'eich bod chi wedi dechre ffashiwn newydd. Mae 'na lawer dyn ddylai gael yr un driniaeth. Efalle y dylen ni sefydlu Cymdeithas gudd, tîm o fenywod yn gwisgo mygydau a chrwydro'r wlad gyda'r nos ac ymosod ar bob cnaf o fewn cyrraedd. Ond yn y cyfamser, Sara, fe gewch ddatblygu'ch cryfder drwy sgwrio'r llorie a sgleinio'r dodrefn yn Cambrian Villa. Beth amdani?'

Seliwyd y fargen yn y fan a'r lle. Ni bu Sara erioed mor hapus. Canai yn awr wrth ei gorchwyl gan wthio'r brws i mewn i fwced o ddŵr poeth, gosod sebon ar wrych y brws, a sgrwbio'r teils, a'u sychu â darn o liain. Yna sgwriai'r teils â llechen a adawai batrwm o linellau a chylchoedd gwyn ar y llawr i gyd. 'Na ryddhad oedd dianc rhag crafangau Amos Parry! Edrychai'r dyfodol yn weddol addawol yn awr. Gallai gynnal ei chartref hyd nes y dychwelai Edwin o'r carchar. Wrth gwrs, roedd Mr Preece yn dal i fwrw ei gysgod ar bethau. Pe câi hi ei ffordd, fe gadwai hi Daniel i ffwrdd o'r ysgol am gyfnod hir. Wedi'r cyfan, doedd yna ddim gorfodaeth arni ei ddanfon yno. Ond er gwaethaf y driniaeth greulon a gafodd gan Mr Preece, roedd Daniel yn awyddus i ddychwelyd i'r ysgol a cheisio ennill gair da gan yr ysgolfeistr.

Daeth sŵn curo ar ddrws y ffrynt. Cododd Sara. Sychodd ei dwylo ar ei ffedog ac edrych ar ei hun yn y drych ar wal y cyntedd wrth fynd heibio i agor y drws.

Yno safai Rachel Parry, gwraig Amos: menyw dal, hardd, hoffus, a'i hwyneb a'i hymddygiad yn rhyfeddol o hwylus o ystyried cymeriad ei gŵr. Roedd hi bob amser yn garedig wrth bawb a weithiai ar y fferm. Adeg y cynhaeaf, ymunai â'r gwragedd a'r bechgyn ifanc a gyflogid i helpu ar y caeau, a'i gwên a'i sirioldeb cyson yn galondid i bawb o'i chwmpas. Yn ôl pob hanes, roedd ei thŷ fel pin mewn papur, a'r pentrefwyr yn methu deall pam iddi briodi dyn mor aflan. Fodd bynnag, yno y safai yn awr, a het ffasiynol ar ei phen, a chlogyn glas smart yn cuddio ei chorff siapus.

'A . . . Sara . . . Ydi Miss Vaughan gartref?'

Siglodd Sara ai phen. Teimlai braidd yn chwithig, a hithau wedi ymosod mor effeithiol ar Amos.

'Faint o amser fydd hi cyn dychwelyd, Sara?'

'Ddim yn hir iawn, Mrs Parry. Hoffech chi ddod i mewn i aros amdani?'

Wrth hebrwng Rachel i'r parlwr, edmygai Sara ei hosgo urddasol.

'Rwy'n falch i'ch cael chi wrth eich hun, Sara,' meddai

Rachel, gan wneud ei hun yn gyffyrddus yn ei chadair. 'Dyma gyfle imi gael y gwir am yr hyn a ddigwyddodd rhyngddoch chi ac Amos. Rwy'n siwr nad chi oedd ar fai.'

'Beth yn gwmws ddwedodd e wrthoch chi, Mrs Parry?'

'Dydw i ddim yn meddwl y *medra'i* ailadrodd rhai o'r pethe ddwedodd e. Does bosib i chi o bawb wneud y fath bethe . . .'

'Pa bethe?'

'Heb sôn am 'u gwneud nhw iddo *fe* . . .'

'*Gwneud beth, Mrs Parry?*' Roedd llais Sara braidd yn sgrechlyd.

'Wedi'r cyfan, dych chi erioed wedi dangos unrhyw duedd i'r cyfeiriad yna. Pe bai Amos wedi enwi Rosi Pwll-top, faswn i ddim wedi synnu o gwbl. Ond nid *chi*, Sara.'

'Rosi Pwll-top?' Anodd gan Sara gredu ei chlustiau ei hun. Am bris peint o gwrw, fe gâi unrhyw ddyn yn y pentre feddiannu Rosi a phrofi ystwythder ei chorff. 'Duw Mawr! Beth yn y byd mae'ch gŵr wedi'i ddweud amdana i!'

'Cofiwch chi, Sara, pan gyrhaeddodd e adre, roedd e mewn cyflwr truenus—'i gorff a'i feddwl wedi cael tipyn o sioc, a'i gof felly braidd yn sigledig. Efalle bod 'na le i amau rhai o fanylion 'i stori.'

'Edrychwch 'ma, Mrs Parry. Wnewch chi ddweud wrtho i ar unwaith be' ddwedodd eich gŵr?'

'Fe wna i fy ngore. Wel, fe gyrhaeddodd adref y prynhawn hwnnw yn waed ac yn gleisie i gyd, ac esbonio eich bod chi wedi ei ddenu i mewn i'r shed yn y cae uchaf a'i demtio.' Gostyngodd Rachel ei llygaid.

'Nefoedd Fawr!'

'Yn ôl Amos, fe safoch rhyngddo ef a'r drws, ac yntau felly yn methu â dianc heb eich gwthio chi o'r neilltu. Ac wrth gwrs, fel Cristion, doedd e ddim am osod 'i law arnoch chi a'ch trin chi yn arw. Yna...' Oedodd Rachel.

'Ie?' Anadlai Sara yn drwm.

'Yna—yn ôl Amos, cofiwch—fe ddiosgoch beth o'ch dillad, a'u hyrddio nhw ato, a chwerthin, a'i herio i dynnu'r gweddill oddi arnoch os oedd yn ddigon o ddyn.'

'Arglwydd Mawr!' ffrwydrodd Sara.

'Yna fe bwysoch yn erbyn y drws gan ochneidio a gwneud yr ystumiau mwyaf anweddus, ac agor eich breichiau iddo, ac yna... O diar, rwy'n ei chael hi'n anodd iawn i fynd ymlaen. Fedra' i ddim credu'r peth. Ac eto...'

'Ac eto beth? Amos yn sefyll yn y fan ac yn gwrthod cael ei demtio?' meddai Sara yn ei llais soprano mewn argyfwng.

'Wel, fe safodd gyhyd ag y medrai. Ond yna fe dafloch chi eich hun ato mor ffyrnig nes iddo syrthio i'r llawr a chithe ar 'i draws e. Ac wrth iddo daro'i ben ar garreg, a chithe yn gweiddi pethe anweddus yn 'i glust a llyfu 'i wyneb e a cheisio tynnu 'i ddillad oddi amdano, wel, roedd e wedi drysu gymaint, doedd ganddo ddim nerth i amddiffyn ni hun. Ond ymddiried yn Nuw a wnaeth e, a'r Arglwydd yn gymorth parod iddo ac yn ei alluogi i'ch taflu chi i ffwrdd, ond nid cyn ichi lwyddo i'w frathu'n ddifrifol. *Welodd* e neb eriod mor wyllt â chi, meddai. Fe hyrddiodd 'i hun drwy'r drws, a chithe ond rhyw fodfedd neu ddwy y tu ôl iddo. Fedrech chi ddim ei ddilyn ymhellach wrth gwrs, a chithe'n hanner-noeth. Dihangfa wyrthiol, medde fe; mae'n dal i grynu wrth feddwl am y peth.'

Meddiannwyd Sara gan ddau emosiwn: cynddaredd wrth feddwl am gelwyddau Amos, a syndod wrth ymddygiad Rachel. Roedd yn amlwg fod Rachel wedi mwynhau adrodd y stori. Ceisiai Sara ymatal rhag ymfflamychu. 'Dych chi ddim yn credu'r stori yna, does bosib, Mrs Parry? Mae'ch gwr yn gelwyddgi! Celwyddgi ffiaidd! Celwyddgi drewllyd! Does 'na'r un fenyw ar yr holl ddaear a daflai ei hun at y fath anifail! Mae jest meddwl amdano'n cyffwrdd â mi yn hunllef. Mae'n flin gen i os yw fy ngeiriau yn eich ypsetio, Mrs Parry—does gen i ddim cweryl â chi. Ond mae'n rhaid dweud y gwir yn blaen a chadw fy enw da.'

Goleuwyd wyneb Rachel â gwên hyfryd. Cododd ei llaw. 'Does dim angen ichi ofidio, Sara! Tynnu'ch coes roeddwn i! Rwy'n gwybod yn iawn mai celwyddgi yw Amos, ond roeddwn i am weld effaith ei stori arnoch. Ddylsen i ddim fod wedi'ch poeni . . . Maddeuwch imi! Ac fel y dwetsoch chi, amhosib i *unrhyw* fenyw ffansïo Amos.'

Eisteddodd Sara i fyny.

'Rwy'n falch ichi amddiffyn eich hun mor dda,' meddai Rachel. ''Na drueni imi golli'r ddrama! Faswn i wedi dwlu bod yno! Roedd y diawl yn haeddu bob ergyd a roesoch iddo.'

Bu bron i Sara neidio o'i chadair.

'A dweud y gwir,' meddai Rachel, a'i llais yn murmur yn gyfrinachol, 'fe wnaethoch dipyn o ddifrod iddo. Ergyd neu ddwy arall, ac fe fyddech wedi ei 'sbaddu! Gresyn na fasech chi wedi parhau â'r ymosodiad! Ond dyna fe, fedrwn ni ddim cael *popeth* . . . ' Cododd. 'Wel, mae'n rhaid imi fynd; mae gen i lawer i'w wneud. Dwedwch wrth Miss Vaughan mod i wedi galw heibio. Mae 'na rywbeth pwysig rwy' am drafod gyda hi. Gyda llaw, sut mae'ch mab? Daniel,—dyna'r enw, ynte? Blin gen i glywed am yr hyn a ddigwyddodd yn yr ysgol. Rhaid gwneud rhywbeth ynghylch yr ysgolfeistr yna . . . '

Ar ei ffordd allan, troes Rachel at Sara. 'Rwy' *mor* falch inni gael y sgwrs fach 'na! Mae wedi gwneud byd o les imi.' Ac i ffwrdd â hi i lawr y llwybr ffrynt, ei chamre'n sionc, a chân fywiog ar ei gwefusau, a'i phen-ôl yn chwyrlïo'n llawen drwy'r glwyd.

PENNOD 6

YN unigrwydd ei ystafell yn y gwesty, astudiai Matthew ei hun yn y drych. Câi gysur bob amser o wneud hynny. O boced ei wasgod tynnodd grib, a'i defnyddio ar ei locsys. Trysorai'r rheini yn fawr. Treuliai dipyn o amser arnynt, a hwythau yn talu am y gofal drwy ddenu sylw ac edmygedd pawb o'i amgylch. Craffodd arnynt unwaith eto. Mor ddisgybledig y deuent i lawr heibio'i glustiau ac ar draws ei fochau, ond eto yn ymatal rhag ymyrryd â'i ên a'i wefusau! Mor ufudd yr atebent ei orchmynion! Gresyn na fuasai dynoliaeth yr un mor drefnus!

Gosododd ei fonocl i'w lygad, a pharhau i fwynhau ei ddelwedd yn y drych. Ymhyfrydai yn y sidan ar hyd ymyl llabedau ei gôt, a'r hances a sbiai allan o'i boced-frest, y crafát porffor, a'r gadwyn aur ar draws ei wasgod . . . Pob dim yn gweddu yn berffaith. Gwyddai i sicrwydd ei fod yn edrych ar y bardd mwyaf boneddigaidd yn y deyrnas.

Daeth curo ar y drws.

'Pwy sy' 'na?'

'Mae 'na lythyr ichi, Mr Arnold.' Llais y forwyn.

'Amser hyn yn y prynhawn?'

'Nid gyda'r post y daeth e.'

'Dewch i mewn, 'te.'

Menyw gyfforddus, gron, ganol-oed. Teisen o fenyw, e'i hwyneb fel afal a'i chap-morwyn a'i llewys a'i ffedog yn llachar-wyn. Rhoes y llythyr iddo. Roedd ei dwylo yn lân a thwt, ond yn dwyn arwyddion o fywyd caled.

'Gadawyd y llythyr yn y cyntedd ryw ddeng munud yn ôl, gan ddynes. Roedd hi ar frys. Dim amser i aros.'

'Gwelsoch chi hi?'

'Cipolwg yn unig, syr. Rheolwr y gwesty siaradodd â hi. Dynes foethus ddwedwn i, o'r hyn a welais o'i gwisg.'

'Doeddech chi ddim yn 'i hadnabod hi?'

'Nac oeddwn, mae'n flin gen i.'

Penderfynodd Matthew gael sgwrs fach â'r forwyn. Byddai ymddiddan â gŵr bonheddig yn dwyn goleuni i mewn i'w bywyd undonog; wedyn, gallai sôn wrth ei ffrindiau am hynawsedd a charedigrwydd Mr Arnold yn Ystafell 5. Ac wrth gwrs, byddai egwyl o'r fath yn ymestyn yr ansicrwydd melys a deimlai Matthew ynghylch danfonwr y llythyr.

'Fydde gwahaniaeth gennych ddatgelu'ch enw?' meddai Matthew.

'Dim o gwbl, syr. Harriet.'

'Ydych chi wedi gwasanaethu yma am gyfnod hir?'

'Sawl blwyddyn bellach, syr.'

'Ydych chi'n hoffi'r gwaith?'

'Ydw! Mae'n ddiddorol dros ben cael cyfarfod â chymaint o bobol.'

'Ac mae'ch gŵr yn fodlon ichi weithio yma? Fe sylwais wrth eich modrwy eich bod yn fenyw briod.'

'Yn briod, ac yn weddw.'

'O, mae'n flin gen i.'

'Lladdwyd fy ngŵr mewn damwain o dan y ddaear chwe blynedd yn ôl yng ngwaith glo Cwmtwrch. Yng Nghwmtawe roedden ni'n byw pryd hynny. Rwy' wedi dod dros y peth erbyn hyn. Mae'n rhaid ichi gario 'mlaen â'ch bywyd, on'd oes e, Mr Arnold?'

'Rych chi'n ddoeth iawn, Harriet.'

'Cofiwch chi, mae'r capel wedi bod o gymorth mawr imi. Dych chi ddim yn ddyn capel, Mr Arnold?'

Gwingodd Matthew o feddwl am y capeli. Ar ei deithiai, profodd ddiflastod y Sul Cymraeg. Cofiai am y bobl yn tyrru i'r capeli, rhai ar droed, rhai yn marchogaeth

neu mewn trap-a-phoni, y dynion yn ymddangos yn
wrthun o sobor a phatriarchaidd, a'r gwragedd mewn
hetiau uchel yn gwbl chwerthinllyd. Heb sôn am y plant,
a'r rheini wedi eu golchi a'u sgwrio er mwyn derbyn
crefydd biwritanaidd o dywyll, a'r grefydd honno wedi
ei thywyllu ganwaith wrth ei chyflwyno mewn iaith gyn-
tefig, ddiwerth.

'Dyn capel? Na'dw, mae arna'i ofn, Harriet.'

'Doeddwn i ddim yn tybio y byddech chi, Mr Arnold.
Ma' stamp yr Eglwys arnoch chi. Wel, dim iws imi glon-
cian fel hyn, er, mae'n hyfryd iawn cael siarad â chi, Mr
Arnold. Ond mae gen i lawer o waith i'w wneud cyn y
galla' i fynd adre. Ond fe wna' i gwpaned o de ichi, os
hoffech chi hynny.'

'Diolch yn fawr, Harriet. Fe fydd hwnnw yn dder-
byniol iawn.'

Dihangodd Harriet. Edrychodd Matthew ar y llythyr,
a chodi'r amlen i'w drwyn, a chael ei siomi gan
absenoldeb unrhyw bersawr. Agorodd yr amlen, a thyn-
nu'r cynnwys allan. Trawyd ef ar unwaith gan natur yr
ysgrifen: ysgrifen lân a choeth a diwylliedig heb fod yn
rhy ffyslyd. Llifai'r ysgrifen yn gryf a phendant. Troes y
tudalen drosodd i weld y llofnod, ond ni olygai'r enw
ddim byd iddo . . . Emma Vaughan . . . Pwy oedd hi,
tybed? Wel, cystal darllen y llythyr:

Annwyl Mr Arnold,

Dych chi ddim yn fy adnabod i, ond gobeithio y
cymerwch y cyfle yn fuan iawn i lenwi'r bwlch arbennig
yna yn eich bywyd; ond fe alla *i* hawlio rhywfaint o
wybodaeth amdanoch *chi*—drwy eich barddoniaeth.
Rwy'n hoffi rhai o'ch penillion. Yn wir, yn fy narlithoedd
ar lenyddiaeth Saesneg gyfoes, rwy' wedi cyfeirio sawl
gwaith at eich cerddi.

Ond nid eich statws fel bardd sydd wedi fy ysgogi i
ysgrifennu atoch, ond yn hytrach eich safle yn y byd

addysgol. Clywais sôn yn ddiweddar am ddigwyddiad echrydus yn un o ysgolion y cylch, digwyddiad y dylech roi eich sylw personol iddo, a hynny ar frys, hynny yw, os na ddigwydd ichi gredu mewn dulliau cwbl farbaraidd o ddysgu. Annoeth fyddai imi fanylu mewn llythyr, ond hyderaf imi ddihuno eich ymwybyddiaeth o'ch dyletswyddau. Gobeithio hefyd ichi deimlo rhywfaint o gywreinrwydd ynghylch ysgrifenwraig y llythyr yma.

Efallai yr ystyriwch alw heibio yfory, yn y prynhawn. Mae'r rhybudd yn fyr, ond gorau po gyntaf y deliwch chi â'r mater a dod a'r gwarth i ben. Bydd yn ddigon hawdd ichi gael cerbyd os mynnwch, ond gan fod y tywydd yn argoeli'n dda, a'm cartref ond rhyw ddwy filltir y tu allan i'r dref, synnwn i ddim na fydd yn well gennych gerdded yn frysiog yn haul iachusol y gaeaf. Byddaf yn eich disgwyl chi tua phedwar o'r gloch.

Yr eiddoch yn gywir,
Emma Vaughan.

Sylwodd Matthew ar gyfeiriad y ddynes—Cambrian Villa—ac yna ceisio ymatal rhag rhwygo'r llythyr yn ddarnau. Y fath haerllugrwydd! Pa fath fenyw a feiddiai ysgrifennu ato mewn dull mor bigog a gorchmynnol?— fel pe bai gorfodaeth arno i ymweld â hi ar unwaith, a gohirio pob trefniant arall. Nid yn unig hynny, ond disgwyliai iddo *gerdded* yr holl ffordd.

Darllenodd y llythyr unwaith eto, a chael ei daro y tro yma gan feirniadaeth y ddynes ar ei farddoniaeth. Dim ond *rhai* o'i benillion a roes foddhad iddi . . . Yna, roedd y cyhuddiad o farbareiddiwch yr oedd mor barod i ddwyn yn erbyn rhyw ysgolfeistr druan! Wel, ni chymerai fawr o sylw o'r mater yna. Cynhyrfid menywod yn llawer rhy hawdd gan y mesurau yr oedd yn rhaid eu cymryd weithiau i gadw trefn mewn ysgolion.

A ddylai fynd i Cambrian Villa? O feddwl ac ailfeddwl, fe'i temtiwyd fwyfwy. Wedi'r cyfan, byddai'r daith yn torri ar undonedd y Sadwrn, ac roedd y dirgelwch ynghylch y ddynes yn ychwanegu at y demtasiwn. Doedd hi ddim yn *haeddu* ymweliad ganddo, ond eto i gyd, fe wyddai hi am ei farddoniaeth . . . sut ddynes oedd hi o ran ymddangosiad, tybed? Tueddai menywod a ddarlithiai'n gyhoeddus ar lenyddiaeth fod yn blaen, sarrug, uchel eu cloch, heb yr arlliw lleiaf o brydferthwch.

Cnoc ar y drws, a llais Harriet. 'Ga' i ddod i mewn, Mr Arnold?'

'Wrth gwrs.'

I mewn â hi, a gosod y tebot a'r llestri ar y ford fach. 'Fe wnes i un neu ddau ymholiad, Mr Arnold.'

'Ymholiad?'

'Am y ddynes a ddaeth â'r llythyr.'

'O?'

'Does dim gwahaniaeth gennych?'

'Dim o gwbl, Harriet. Fe fyddwn i'n ddiolchgar am unrhyw wybodaeth.'

'Ma' rheolwr y gwesty yn 'i hadnabod hi. Miss Vaughan yw 'i henw hi. Fe symudodd i Cambrian Villa ryw flwyddyn yn ôl. Menyw sengl gyfoethog, wedi etifeddu arian sylweddol; a menyw garedig hefyd, yn ôl yr hanes. Ac mae'n *sgoler*, Mr Arnold, yn ddarlithydd poblogaidd iawn. Fe aeth Mr Morris, rheolwr y gwesty, i'w darlith ddiwetha', a chael ei swyno ganddi.'

'Beth oedd testun y ddarlith? Ddwedodd Mr Morris?'

'Y Derwyddon.

'Testun diddorol.'

'Rhyngof fi a chi, Mr Arnold,' meddai Harriet, gan rowlio ei llygaid, 'mae'n rhaid bod ganddi ffordd fach neis iawn o drafod dynion.'

'O?'

'Wel, os ydi hi wedi gallu swyno Mr *Morris* o

bawb . . . Dydi e ddim o'r teip i gael 'i goncro'n rhwydd iawn. Ond pan roeddwn i'n siarad ag e jest nawr, gallech gredu bod Miss Vaughan yn gyfuniad o Ruth a Rachel a Brenhines Sheba.'

'Rych chi'n gyfarwydd â'ch Beibl, Harriet.'

'Fel pawb yng nghapel Bethlehem. Ond roeddwn i'n sôn am Mr Morris. Ydych chi wedi cwrdd ag e?'

'Ond am funud neu ddwy.'

'Pe baech chi wedi'i glywed e'n sôn am Miss Vaughan . . . Yn ddigon i'm gwneud yn eiddigeddus, pe bawn i'n tueddu i'r cyfeiriad hynny,' meddai Harriet, gan unioni ei boned. 'Ydych chi'n bwriadu mynd i'w gweld hi?' Edrychodd yn slei ar y llythyr a orweddai ar y silff-bentân.

'Efalle,' atebodd Matthew gan wenu. 'Ydych chi'n meddwl y dylwn i fod yn wyliadwrus?'

'O, pwy ydw *i* i ddweud hynny! Wel, gwell imi fynd, i chi gael llonydd i yfed eich te.'

'Rwy' wedi mwynhau ein sgwrs fach, Harriet.'

Byddai ei ymddygiad caredig a grasusol tuag at Harriet yn hysbys drwy'r gwesty mewn fawr o amser tybiai Matthew. Ac wrth gwrs, rhoes Harriet wybodaeth werthfawr iawn iddo am Emma Vaughan.

Pennod 7

Disgynnodd Matthew o'r cerbyd a cherdded tuag at glwyd Cambrian Villa. Gobeithiai fod Miss Vaughan wedi clywed clip-clopian y ceffyl a chrensian yr olwynion wrth i'r cerbydwr ddychwelyd i Abergarth. Da o beth fyddai iddi sylweddoli bod ei hymwelydd wedi anwybyddu ei chyngor iddo gerdded yr holl ffordd o'r dref. Sicrhaodd Matthew gadernid yr het sidan ar ei ben, a chwyrlïo ei ffon-gerdded, ac yna symud yn sionc i fyny'r llwybr at y drws ffrynt, gan sylwi ar y lawnt ddisgybledig a'r borderau cymen a destlus.

Curodd ar y drws. Munud gyfan yn mynd heibio, a neb yn ateb, a Matthew'n teimlo'n ddig oherwydd iddo ofalu bod yn brydlon. Roedd ar fin troi ar ei sawdl a cherdded i ffwrdd pan agorwyd y drws.

Gwnaeth Emma Vaughan y fath argraff arno nes peri iddo ddal ei anadl . . . Dynes drawiadol mewn gwisg o sidan glas. Dynes dal, heb fod yn gonfensiynol bert, ond eto yn meddu ar wyneb a chorff a phersonoliaeth a ddihunai bob nerf wrywaidd yng nghorff Matthew. Dyfalai Matthew iddi fod rywle yng nghwmpas pymtheg-ar-hugain oed. Roedd ganddi lygaid herfeiddiol o wyrdd, gên wedi ei ffurfio'n hynod gywrain, cnawd a myrdd o frychau haul arno, mynwes lawn, gwasg gul, a phen-ôl a waeddai am gael ei fwytho'n dyner.

Cododd Matthew ei het. 'Miss Vaughan?' Ceisiai guddio'r cryndod cnawdol yn ei lais, ond methodd.

'Dewch i mewn.'

Dilynodd hi i ystafell a ddodrefnwyd yn chwaethus:

lliwiau'r muriau a'r llenni a'r carped yn ysgafn ac yn gweddu i'w gilydd; cwpwrdd-llyfrau enfawr o fahogani, a'i ochrau wedi eu ffurfio ar batrwm colofnau clasurol Groegaidd; dwy gadair-esmwyth foethus, a'r breichiau pren yn diweddu mewn cerfluniau o ffigurau benywaidd Groegaidd—ffigurau y byddai bysedd pob dyn yn dyheu am redeg trostynt. Teimlai Matthew yn gwbl gartrefol yn yr awyrgylch clasurol.

'Fe gymera i'ch côt a'ch het,' meddai Emma. Roedd ei phersawr yn bryfoclyd, 'Gwell ichi gadw'ch ffon,' ychwanegodd gyda gwên, 'rhag ofn bydd eisiau fy nisgyblu.'

'Gwaed cyntaf i Emma Vaughan felly,' meddyliodd Matthew. Setlodd i mewn i'w gadair, a rhedeg ei ddwylo dros y duwiesau Groegaidd bendigedig.

'Dych chi ddim yn hoff o gerdded, Mr Arnold?'

A! Felly fe welodd hi'r cerbyd! Pam felly yr oedi cyn ateb y drws?

'I'r gwrthwyneb, Miss Vaughan. Rwy' *yn* mwynhau cerdded, ond doeddwn i ddim yn y cyflwr meddwl iawn y prynhawn yma.'

'A wel, rych chi wedi dod, a dyna'r peth pwysig. A dyma'r tro cyntaf imi dderbyn bardd i'm cartref.'

'A'r tro cyntaf imi ymweld ag un sy'n arbenigwr ar y Derwyddon.'

'Fe glywsoch am y ddarlith?' Ymddangosai Emma yn fodlon.

'Piti imi ei cholli. Mae'n debyg ei bod yn llwyddiant mawr.'

'Hawdd iawn cipio sylw cynulleidfa pan fo'r testun mor ddramatig.'

'Dydw i ddim yn cytuno, Miss Vaughan. Hyd yn oed â thestun cyffrous, gall siaradwr gwael dynnu cwsg ar ei gynulleidfa.' Gosododd Matthew y monocl i'w lygad. 'Ond does 'na ddim peryg i *chi* golli sylw eich cynulleidfa.'

'Sut medrwch chi ddweud hynny, a chithe heb fy nghlywed i?'

'Rwy' wedi'ch *gweld* chi, Miss Vaughan.' Craffodd arni, a hithau, yn ei thro, yn ei archwilio ef.

'Ydych *chi'n* darlithio'n gyhoeddus, Mr Arnold?'

'Dydi fy ngwaith i ddim yn caniatáu, gwaetha'r modd. Mae'n siwr o fod yn brofiad pleserus i gael ugeiniau o bobl yn hongian wrth eich geiriau chi. Rwy'n genfigennus wrthych. Ond rhaid imi gyfadde, pan gyrhaeddes i'r rhanbarth yma, doeddwn i ddim yn disgwyl dod ar draws Cicero mewn sgert.'

Gwgodd Emma. 'Rych chi'n swnio braidd yn nawddoglyd, Mr Arnold.'

'O, doeddwn i ddim yn bwriadu hynny. Ond rhaid ichi gyfaddef nad oes llawer o *wragedd* yn areithwyr llwyddiannus.'

'Na llawer o ddynion chwaith, Mr Arnold,' atebodd Emma yn bigog reit.

Wel, wel! Gwrthwynebydd teilwng iawn, meddyliai Matthew. Rhedai ei lygaid ar draws ei mynwes, a'i fysedd ar draws y ddwy dduwies. 'Rych chi'n berffaith gywir, Miss Vaughan, wrth gwrs. Ac o gofio prinder areithwyr da, byddwn yn *dwlu'ch* clywed chi—a'ch gweld chi!—yn traethu am y Derwyddon. Dynes ifanc danllyd yn hyrddio'r hen offeiriaid paganaidd, gwaedlyd, rhagrithiol o'i blaen, a'u gwawdio nhw a'u dilorni a'u bwrw ymaith i'r cysgodion unwaith ac am byth!'

'Dych chi ddim yn gwybod llawer amdanyn nhw, mae'n amlwg, Mr Arnold.'

'O, rwy' wedi darllen adroddiade Caesar a Tacitus amdanynt.'

'Dau ddyn a chanddynt ragfarn yn erbyn y Celtiaid—fel sy' gennych chi.'

'Be' chi'n 'i feddwl, Miss Vaughan?' Eisteddodd Matthew i fyny yn ei gadair.

Cododd Emma, a chrwydro yn ôl ac ymlaen o gwmpas

Matthew. 'Anodd credu bod 'na waed Celtaidd yn eich gwythienne *chi*, Mr Arnold. Ond *mae* 'na, on'd oes? Onid yw'ch mam yn hanu o Gernyw?'

Diar mi! Roedd Emma Vaughan wedi gwneud ei gwaith-cartref! Daliai Matthew i edmygu ffurf a siâp Emma; a phan gyffyrddodd ei gwisg hi â chefn ei law, teimlai Matthew ias baganaidd—neu efallai ias Dderwyddol!—yn rhedeg trwy ei gorff. Tybed a *fwriadodd* hi i'w gwisg gyffwrdd â'i law?

Safai Emma o'i flaen. 'Ydych chi'n hoff o'ch mam, Mr Arnold?'

Cwestiwn twp! 'Wrth gwrs!'

'Dynes o gymeriad cryf a bywiog, yn ôl pob sôn.'

'Yn union felly.'

'Yn haeddu cariad a theyrngarwch ei mab?'

'Yn hollol!'

'Pam felly ichi ddewis ei bradychu, Mr Arnold?'

Syrthiodd y monocl o'i lygad. 'Ei bradychu?'

'Yn feunyddiol.' Yr oedd wyneb Emma yn llawn dirmyg. Yna camodd Emma ar draws yr ystafell at y ddesg-ysgrifennu ac agor drôr. Tynnodd allan ddarn o bren â chortyn cryf ynghlwm wrtho. Gafaelodd yn y cortyn, a chario'r pren fel petai'n gwdyn siopa, a dychwelyd i'w safle o flaen Matthew. 'Pan glywes i fod *bardd* wedi ei ddewis yn Arolygwr Ysgolion dros Gymru,' meddai, 'fe'm temtiwyd i daflu fy het i fyny a bloeddio mewn gorfoledd. Oes newydd wedi gwawro! Iachawdwriaeth ar y gorwel! Diwylliant yn barod i feddiannu ein hysgolion a bwrw allan yr ysgolfeistri barbaraidd a hyrddio eu hofferynnau poenydio ar eu hôl! Gwareiddiad goleuedig yn teyrnasu, a Dysg a Llawenydd yn mynd law-yn-llaw! Ond beth yw'r sefyllfa?' Siglodd Emma y pren yn ôl ac ymlaen, a llygaid Matthew yn ei ddilyn. 'Beth yw'r sefyllfa, Mr Arnold? *Hwn!* Cododd y pren, a'i ddal o flaen Matthew.

Tynnodd Matthew ei ben yn ôl yn reddfol er mwyn cael

gwell golwg ar bethau, a sylwi ar y llythrennau WN wedi
eu peintio ar draws y pren. Gwyddai yn iawn beth a welai, ond cymerodd arno nad oedd yn deall arwyddocâd y pren. 'Beth yn y byd yw hwn, Miss Vaughan?'

'Dych chi ddim yn gwybod?'

Siglodd Matthew ei ben. 'Dyw e'n golygu dim i mi.'

'Rych chi'n fy synnu, Mr Arnold,' meddai Emma, a thân yn ei llygaid a rhew yn ei llais. 'Dyma un o'r dyfeisiade dieflig a ddefnyddir yn eich ysgolion. A does dim syniad gennych beth yw e?'

Tarodd Matthew y pren â'i ddwrn. 'Cystal i hwn fod yn ddarn o arch un o'r Hen Eiffitiaid. Mae ystyr y llythrennau 'ma mor dywyll i mi ag ystyr heieroglifffiau.'

'Dyna ni! Rych chi wedi taro ar y geirie perffaith, Mr Arnold! *Arch!* Yr union air! Mor gyfrwys fuoch chi'n cynllunio pethe! Eich ysgolfeistri yn llofruddwyr, ac yna, pan fo'r aberth wedi ei ladd, fe ddowch chi a'ch cymdeithion i lawr o Lundain i drefnu'r angladd!'

'A phwy yw'r aberth?'

'Yr iaith Gymraeg! Synnwn i ddim nad yw'ch mam yn cywilyddio'n dawel wrth feddwl am eich gweithgaredde gwrth-Geltaidd.'

Druan o Emma Vaughan a'i thebyg! Pobl ramantaidd wedi eu hudo gan iaith hynafol yn ei thranc. Gorau po gyntaf y gwelid yr holl ieithoedd Celtaidd yn y bedd, a'r Celtiaid yn cael eu tynnu gerfydd eu gwallt i mewn i'r byd modern. Ni chollai Matthew unrhyw gyfle i gyflymu'r broses, ac yntau yn y swydd ddelfrydol i wneud hynny. Dyna ei ddyletswydd i blant Cymru, a gwyddai fod canran uchel o'r rhieni yn cytuno ag ef, a bron pob prifathro yn dilyn ei arweiniad yn frwdfrydig. Wrth gwrs, gellid disgwyl ambell gnewyllyn o wrthwynebiad, ond fe wyddai yn iawn sut i ddelio â hwnnw.

'A! Rwy'n eich deall chi nawr, Miss Vaughan! Rych chi wedi eich swyno'n llwyr gan yr hen iaith; ac *mae* hi'n faes-ymchwil arbennig o ddeniadol. A dweud y gwir, rwy'n bwriadu llafurio yn yr union faes pan ga' i gyfle. A gyda llaw fe wn i am sawl dynes o dras uchel iawn sy'n ymddiddori yn y pwnc. Hyfryd o beth eich darganfod *chi* yn y cwmni detholedig! Mae 'na ddefnydd drama fendigedig yn y sefyllfa.'

'Drama fendigedig?'

'Hen iaith ar ei gwely-angau yn cael ei thendio gan nyrsys mor brydferth, nyrsys a chanddynt waed a steil yr uchelwyr. Ond i ddod yn ôl at y pren 'ma, dydw i ddim yn deall 'i swyddogaeth yn y gyfundrefn.'

Rhythodd Emma yn chwerw arno. 'Mr Arnold! Pan fo plentyn yn yr ysgol yn anghofio'r rheolau am eiliad a defnyddio iaith ei gartref a'i aelwyd, fe osodir y pren am ei wddf a'i orfodi i'w wisgo nes iddo glywed dihiryn arall yn cyflawni'r un drosedd. Yna, fe drosglwyddir y pren i'r ail droseddwr, ac felly ymlaen hyd at ddiwedd y dydd, a'r gwalch â'r astell am ei wddf y pryd hynny yn cael ei gosbi'n llym gan yr ysgolfeistr. WN . . . Welsh Not . . . Onid yw'r cynllun yn un pert ofnadwy? Mor waraidd! Mor felys o effeithiol! Mor farddonol o ddestlus! Mor oleuedig! Mor Gristnogol!' Safai Emma o flaen Matthew, a'i llygaid yn fflamio. 'Cywilydd arnoch chi, Mr Arnold! Y pethe a wneir yn eich enw!'

Gwibiai llygaid Matthew drosti. O mor ddeniadol oedd hi yn ei chynddaredd! O na châi ei ddwylo ddisgyn ar y wisg las yna ac ymbalfalu trwy'r defnydd . . . Tybed a oedd y peth yn bosib, er gwaethaf ei chynddaredd? Onid oedd y ffaith iddi sefyll *mor* agos ato, o fewn cyrraedd ei ddwylo, yn arwyddocaol? Onid oedd hanneraddewid yn cuddio dan y dicter? Gweithiai ymennydd benywaidd yn droellog a chyfrwys . . . Rhaid ateb cyfrwystra â chyfrwystra, fe dybiai Matthew. Fe gymerai arno ei fod yn barod i ystyried safbwynt Emma ar yr iaith, ei ystyried yn ddwys iawn, ac yn wir yn barod i ildio ambell gornel o faes y gad. Roedd sawl cadfridog wedi ennill brwydr trwy dwyllo'r gelyn ac encilio ychydig cyn ymosod yn derfynol a'i oresgyn. Felly y concrai ef y gwrthwynebydd yma, ei choncro yn addysgiadol a chorfforol, a'i meddiannu a'i mwynhau!

'Ydych chi'n adnabod Septimus Preece?' gofynnai Emma.

'Gŵr ardderchog a'i waith yn esiampl i bob ysgolfeistr arall. Rwy'n edrych ymlaen at ei gyfarfod.'

'Gŵr ardderchog? Ac yntau'n gwneud defnydd cyson o'r ddyfais warthus yma?' Chwifiodd Emma y pren, ac yna dychwelyd yn stormus i'w chadair. 'Mae safonau rhyfedd gennych chi, Mr Arnold . . . Yn edmygu'r fath greadur ffiaidd! Mae e'n hollol anaddas i'w swydd, a'r plant druain mewn peryg enbyd. A *chi*, Mr Arnold, yw arwr Preece! Mae'n llyncu bob gair o'ch eiddo! Yn credu ei fod wedi'i ddanfon i'r parthau cyntefig 'ma i daenu'r Efengyl yn ôl Matthew Arnold! A gwae unrhyw blentyn a becho yn erbyn y Gair! Fe'i gwaradwyddir yn ddidrugaredd, ac yna ei addurno â'r pren dychrynllyd 'ma, ac ar ddiwedd y dydd fe gaiff ei fflangellu yn fileinig â gwialen wedi ei llunio'n ofalus at y pwrpas gan eich annwyl Septimus Preece. Gobeithio eich bod yn falch o'ch disgybl!'

'Mae rhyw deimlad gen i,' meddai Matthew, 'eich bod chi'n gorliwio pethe er mwyn tanlinellu'ch pwynt. Mae hynny'n gwbl ddealladwy, wrth gwrs. Mae pob twrnai da yn dramateiddio'r sefyllfa i gryfhau ei achos.' O weld Emma ar fin ymfflamychu unwaith eto, brysiodd Matthew i ychwanegu. 'Ac rych chi *wedi* gwneud argraff ddofn arna' i, Miss Vaughan. Derbyniwch fy ngair nad ydw i'n cefnogi creulondeb. Os ydi Mr Preece wedi bod yn rhy . . . y . . . yn rhy frwdfrydig yn 'i genhadu, ac wedi ymosod ar yr hereticiaid ifainc fel yr ymosododd Torquemada gynt ar y pechaduried yn Sbaen—'Methodd Matthew â chuddio'r nodyn gwawdlyd yn ei lais—'yna, fe osoda i air bach tawel yn 'i glust, rwy'n addo ichi! Ac mae'n siwr o wrando arna' i.'

Ni ddangosai Emma unrhyw arwydd o fodlondeb. 'O, mi wn i'n iawn be' wnewch chi, Mr Arnold . . . Canmol Preece yn gynnes iawn am 'i waith ardderchog yn yr ysgol, datgan y dymuniad am gael bataliwn o Septimysiaid i chwipio'r iaith Gymraeg, a chynghori Preece ar yr un pryd i gadw llygad barcud ar y Miss Vaughan yna o Cambrian Villa . . . Efalle, o bryd i'w gilydd, y byddai'n ddoeth i'r ysgolfeistr leddfu ambell agwedd o'i bolisi ynglŷn â chosbi corfforol. Nid bod y polisi yn anghywir. O na! Wedi'r cyfan, mae Ysgolion Bonedd Lloeger—yn enwedig Ysgol Rygbi—yn gwneud defnydd helaeth o gosb gorfforol. Ond dydi'r ysgolion hynny ddim mor agored i lygad y cyhoedd ag yw Ysgol Abergarth, ac felly gwell cymryd arnom ein bod yn cydymdiemlo i radde â safbwynt Miss Vaughan, a hithau yng nghanol un o'i chyfnodau gor-Geltaidd a pheryglus a chwerylgar. Efalle hefyd y byddai'n fanteisiol i Preece ddangos diddordeb yn y derwyddon a mynychu darlithoedd Miss Vaughan, a hithau'n deip o fenyw sy'n ymffrostio yn 'i gallu meddyliol a'i hysgolheictod . . . '

Edrychai Matthew yn syn ar Emma, gan iddi ddatgan ei feddyliau mor fanwl-gywir.

'Wel, Mr Arnold?'

'Beth *galla' i* ddweud i dawelu'ch meddwl chi, Miss Vaughan? Rych chi wedi fy marnu a'm condemnio.'

'Ydw! Oherwydd dwedwch a fynnoch dych chi ddim wedi newid eich meddwl ynglŷn â Preece a'i weithredoedd. Mae hynny'n gwbl amlwg imi. Byddai bardd o'r iawn ryw wedi'i frawychu gan yr hyn rwy' wedi'i ddatgelu am yr ysgolfeistr. Ond eich unig adwaith chi yw codi'ch aeliau a siglo'ch locsys. Dim ond *chware* â barddoniaeth wnewch chi, Mr Arnold! Ac ar ben hynny, dych chi ddim yn fab teilwng o'ch mam. Rych chi'n lladd ar holl werthoedd ei thras a'i llinach a'i chenedl! A phan ddowch chi i'n plith ni yng Nghymru, Mr Arnold, wyddoch chi beth ych chi? Un o'r Philistiaid yn dod i roi gwersi i'r Israeliaid!'

Neidiodd Matthew ar ei draed, a'r gwaed yn curo yn ei arleisiau. 'Gwell imi fynd,' meddai yn reit swrth a chwta. Wedi'r cyfan, doedd dim rheidrwydd arno ddioddef cael ei sarhau. 'Wnewch chi 'nôl fy nghôt a'm het?'

Yn sydyn, goleuwyd wyneb Emma gan wên heulog, a'r trawsnewidiad yn ei hymddygiad yn drysu Matthew yn llwyr. 'Diar mi Mr Arnold! I ble'r aeth eich dewrder? Rhaid ichi ddysgu gwrthsefyll ymosodiade a dal i fod yn hunan-feddiannol! Beth yw'r term Saesneg? . . . "Stiff upper lip" . . . Dyna'r nod a'r ddelfryd i'ch dosbarth chi, wedi'r cyfan!' Cododd Emma, a sefyll o flaen Matthew. 'Dewch nawr!' meddai, a'i llais yn hudolus o dyner. 'Dychwelwch i'ch cadair i ni gael parhau â'n sgwrs.'

Brwydrai Matthew â'i deimladau. Sut yn y byd y gellid ymdopi â'r ddynes ryfedd yma? Edrychai Emma arno yn awr yn llawen a serchus,—*mor* serchus, yn wir, nes peri i'w sylwadau sarhaus hi gilio i ymylon ymennydd Matthew. A oedd hi'n wironeddol awyddus iddo aros? Er gwaethaf ei hymroddiad i'r byd Celtaidd ac i'r iaith Gymraeg, ac yntau mor bleidiol i'r iaith Saesneg ac i wareiddiad anorchfygol y Saeson,—er gwaethaf hyn oll, a deimlai hi ryw wefr o fod yn ei bresenoldeb? Cnawd yn galw ar gnawd?

'Rych chi wedi ymgolli yn eich meddylie, Mr Arnold.'

'Pa ryfedd, a chithe'n feistres ar y grefft o ddrysu dynion.'

'Drysu dynion?'

'Wel, un funud rych chi'n fy mhardduo'n ddidrugaredd, a'r funud nesa' yn gwrthod imi ymadael.'

Gwenodd Emma arno drachefn, a dyna'r foment y penderfynodd Matthew wthio'i gwch i'r dŵr. Gosododd ei law ar fraich Emma. 'Wyddoch chi, Miss Vaughan, efalle *fod* 'na elfen o arian-byw yn fy nghyfansoddiad . . . Yn ymateb yn rhy sydyn i bethe . . . Yn rhy barod i gymryd yr abwyd mewn dadl, ac yna pwdu a chilio o'r maes. Rhaid imi bwyllo! Wrth gwrs, *mae* 'na wahaniaeth barn rhyngom, ond pam raid i ni fod yn elynion o'r herwydd? *Chi* sy'n iawn! Daliwn i ddadlau! Ond dadlau'n *gyfeillgar.*' Gafaelodd Matthew yn dyner yn ei llaw. 'Parhewch i weithio arna' i, Miss Vaughan,—er lles yr hen iaith! Mae'n bosib ichi gyflawni gwyrthie, a hynny yn y dyfodol agos, ond ichi ddefnyddio gwahanol dactegau, tactegau tyner, tactegau tirion, tactegau melys . . .'

Ni thynnodd hi ei llaw i ffwrdd. 'Tactegau melys, Mr Arnold? Tactegau tyner? Oni ddylech chi wneud yr hyn sy'n gywir a chyfiawn, heb falio dim am *dactegau* pobl fel fi?'

'Rwy'n ddynol a ffaeledig, a dyma'ch cyfle chi, Miss Vaughan!' Gwasgodd Matthew ei llaw. 'Os yw fy naliadau ynglŷn â'r iaith Gymraeg yn anghywir, a minnau'n glynu'n ystyfnig wrthynt, a dim ond tactegau benywaidd yn alluog i'm rhyddhau oddi wrthynt—wel, Miss Vaughan, mae hawl gennych ddefnyddio pob arf yn eich meddiant. Ac mae gennych arfogaeth mor gyfoethog! Mor hawdd y gallech fy nhemtio i adael llwybrau'r colledig!' Gan ildio fwyfwy i'w reddfau cnawdol, rhedai Matthew ei law ar hyd ei braich, ac ymhyfrydu yn llyfnder sidanaidd ei chroen, a hithau'n caniatau iddo weithredu felly. A gwên fach slei yn hofran o amgylch ei gwefusau, a gwên arall yn dawnsio yn ei llygaid, O, roedd yr argoelion yn awr yn addawol tu hwnt!

Miss Vaughan!' meddai Matthew, a'i lais yn gryg. 'Mae'ch Achos yn cryfhau o eiliad i eiliad!' O na ddangosai hi ryw arwydd ychwanegol o'i bodlonrwydd! Ond eto, drwy fod mor oddefgar o'i dactegau, oni ddangosodd hi gymaint ag y gallai, a hithau'n foneddiges? 'Yn wir,' aeth Matthew yn ei flaen, 'sut gallai'r Achos fethu, a'r pleidiwr mor brydferth? Does dim angen ichi ynganu gair arall, Miss Vaughan! Trefnwch eich gwefuse i dderbyn y neges o ildio swyddogol oddi wrth fy ngwefuse i.' Yn ofalus iawn, rhoddodd Matthew ei fraich o amgylch Emma.

Ac ar y foment yna, ac yntau ar fin Paradwys, y lloriwyd Matthew a'i obeithion. Fel mellten allan o grombil storm enfawr o daranau, fflachiodd llaw dde Emma ato a tharo ei wyneb ag ergyd mor frawychus o nerthol nes peri i'r bardd wegian yn ddramatig o ddiymadferth a syrthio'n bendramwnwgl i'r llawr, ei lygaid yn dyfrhau, ei foch yn llosgi, ei galon ar garlam a'i glustiau yn rhuo. Cafodd ei hun yn straffaglu ar draws y carped. Ymdrechodd i gasglu ei synhwyrau, yna gosododd ei fonocl i'w lygad, ac edrych i fyny.

Safai Emma a'i dwylo ar ei hystlysau, a'i mynwes yn codi a disgyn yn rhyfelgar ac eto yn bryfoclyd. 'Rhag eich cywilydd chi, Mr Matthew Arnold!'

'Mae'n flin gen i,' meddai Matthew. 'Mae'n debyg imi gamddeall y sefyllfa.'

'Mae gennych dalent i'r cyfeiriad yna! Pencampwr y Camddeallwyr!'

Yn araf a llafurus, cododd Matthew ar ei draed. Ond er arafed ei symudiadau, roedd ei ymennydd yn awr ar garlam ac yn ymateb yn ardderchog i'r argyfwng. Erbyn iddo gyrraedd ei lawn daldra, roedd Matthew yn barod i gynnig ei bennill newydd sbon. Edrychodd yn ddwys ar law dde Emma, ac adrodd:

'Was that the fist that cracked a poet's head,
And hurled a fond Inspector to the dust?
Oh Emma, on what viands hast thou fed
To lend that dainty hand so stout a thrust?'

Gwenodd yn fuddugoliaethus drwy ei ddagrau. Teimlai iddo adennill ei urddas a'i hunan-barch. Wedi'r cyfan, pa fardd arall yn yr holl fyd fedrai gyfansoddi perl bach o gerdd yn y fath amgylchiadau? Tybed a lwyddai ei orchest i drawsnewid y sefyllfa ar y funud olaf, fel petai, a thynnu buddugoliaeth allan o enau trychineb?

Ond doedd adwaith Emma ddim yn addawol. 'Yn parhau i *chware* â barddoniaeth, Mr Arnold?' meddai yn ddirmygus. 'Yn dal i'w ddefnyddio fel dyfais i chwyddo'ch hunan-barch? Duw a'n helpo ni! Pam yn y byd y dewisodd yr awdurdode yn Llundain ddanfon bardd mor ansylweddol i Gymru fel Arolygwr Ysgolion? *Dandi* o fardd, heb ddim i'w gymeradwyo ond tipyn o fonocl ynghyd â moesau cwrcyn!'

Lluchiodd Matthew y llwch oddi ar ei ddillad. Amhosib plesio Emma Vaughan, a'i dicter mor ddwfn a'i gweledigaeth addysgol mor gyfyng. Wel, wfft iddi hi a'i Hachos! Pe buasai hi wedi bod yn fwy cyfeillgar tuag ato, fe fuasai yntau yn ei dro wedi cytuno i liniaru ei bolisi ar yr iaith Gymraeg. Ond nid felly y bu, a thynged yr iaith, o'r herwydd, wedi ei setlo yn bendant a therfynol. Fel yr hyrddiwyd y Derwyddon gynt oddi ar Ynys Môn gan y Rhufeiniaid, felly, mewn byr amser a than arweiniad y Cadfridog Matthew Arnold, yr ysgubid yr iaith Gymraeg ymaith gan fyddin o ysgolfeistri, a phob un o'r rheini wedi ei lunio ar batrwm digymar Septimus Preece.

'Os ca i fy nghôt,' meddai Matthew yn ei lais oeraf, 'mi ffarwelia'i â chi.'

Aethant i mewn i'r cyntedd, a llygaid Emma fel dwy garreg. Agorodd Emma y drws ffrynt, ac aros yno fel porthor dinas yn goruchwylio troseddwr ar ei ffordd allan i alltudiaeth dragwyddol.

Camai Matthew tuag at y glwyd gan chwyrlïo ei ffon a chwibanu'n dawel.

Pennod 8

Wedi cerdded yr hanner milltir o Cambrian Villa, safai Emma wrth glwyd fferm Bryn-y-groes, fferm Amos a Rachel Parry. Edrychai o'i hamgylch ar yr adeiladau glân wedi eu gwyngalchu'n ddiweddar iawn ac yn ffurfio sgwâr mawr destlus. Ar hyd yr ochr a gydredai â'r ffordd, codai wal uchel a chlwyd haearn yn y canol. Gyferbyn â'r glwyd yr ochr draw i'r buarth safai'r ffermdy ei hun, tŷ sylweddol a hardd. O boptu'r buarth, ac yn ffurfio dwy ochr arall y sgwâr, safai amrywiaeth o dai-gwair, stablau a beudau, pob un mewn cyflwr da ac yn amlygu gofal a llewyrch.

Aeth Emma drwy'r glwyd, a'i chau y tu ôl iddi, a'r glec yn atseinio ar draws yr adeiladau. Camai'n bwrpasol tuag at y tŷ, a theimlo'n ymwybodol o sŵn ei sgidiau ar y cerrig. Hanner-ffordd i'w nod, clywodd sŵn drws ar ei llaw dde yn agor. Yno safai Amos Parry a'i gorff mawr, trwm, aflan. Roedd ei drowsus wedi ei glymu islaw ei benliniau, ei fol enfawr yn gwthio yn erbyn gwregys lledr, a het fawr seimlyd ar ei ben. Edrychai yn debycach i labrwr nag i denant un o'r ffermydd gorau yn y cylch, a'i holl ymddangosiad yn gwrthdaro â sglein yr adeiladau o'i amgylch.

'Prynhawn da, Mr Parry.'

Gwgodd arni. 'Beth ddaw â *chi* yma? Dyma'r tro cynta' i ni gael yr anrhydedd.'

Ni wyddai ef felly am y trefniant rhyngddi hi a Mrs Parry. Fe gâi aros yn ei dywyllwch. 'O, dim ond galw am sgwrs fach â'ch gwraig. Ydi hi gartref?'

Nodiodd Amos yn sarrug, a'i fysedd yn chwarae ar ei wregys. Cyfarfu ei aeliau du trwchus ar bont ei drwyn, a gyda'r aeliau a'r farf fawr anniben, ymddangosai fel dyn cyntefig yn sbio allan o goedwig gynhanesyddol. 'Rych chi newydd gyflogi morwyn, on'd ych chi?' meddai, a'i lais mor arw â'i farf.

A! Roedd e'n edliw iddi roi lloches i Sara! Da iawn!

'Peth ffôl iawn,' meddai Amos. 'Mae hi'n gymeriad drwg.'

'O?'

'A pheryglus.'

'Dych chi ddim yn dweud, Mr Parry!'

'Annoeth i unrhyw ddyn sefyll yn 'i hymyl. Mae hi'n llawn chwantau anifeilaidd.'

'Diar mi!'

'Ydi hi wedi sôn amdana' *i* o gwbl?'

'Cyfrolau, Mr Parry!'

'Celwydd i gyd, debyg iawn.'

'Dych chi ddim yn honni 'i bod hi'n trachwantu amdanoch *chi*?' holai Emma yn wawdlyd.

'Fel gast ar wres. Pa stori ddwedodd hi amdana' i?'

'Fedrwn i ddim 'i hailadrodd. Nawr esgusodwch fi; mae'n rhaid imi weld Mrs Parry.' Brysiodd at y drws, a gafael yn y curwr mawr haearn, a chlywed hwnnw yn taranu drwy'r adeilad.

'Miss Vaughan!' Roedd croeso Rachel yn amlwg ddiffuant. 'Dewch i mewn!'

Cynhesai calon Emma ar unwaith at yr hiwmor yn llygaid gleision Rachel, a'r sglein ar ei gwallt du, ei chnawd pinc, ei gwefusau llawn a'i hymddygiad hunanfeddiannol.

Cafodd Emma ei hun mewn parlwr mawr, a hwnnw dan arglwyddiaeth dreser Cymraeg enfawr wedi ei lwytho gan lestri gwerthfawr yn pefrio yng ngolau'r tân glo. O gornel yr ystafell deuai tician soniarus cloc hynafol. Roedd yna ford fahogani, soffa, dwy gadair freichiau o ledr moethus, a sawl mat trwchus. Uwchben y lle tân hongiai darlun o Delilah yn magu pen Samson ar ei harffed ac yn torri ei wallt yn ddestlus.

'Ystafell hyfryd!' meddai Emma. 'Urddasol *a* chyfforddus ar yr un pryd. Ac rwy' *yn* hoffi'r darlun yna uwchben y tân.'

'Fe'i prynais ym marchnad Abergarth ryw flwyddyn yn ôl, am bris rhesymol iawn. Ma' stori Delila yn apelio ata' i. Bob tro yr edrycha'i arni hi'n defnyddio'r siswrn ar Samson, rwy'n ysu am wneud yr un peth â gwallt fy ngŵr.'

'Fe gwrddais â Mr Parry ar y buarth.'

'O? A, wel . . .'

'Ydych chi wedi bod yn ffermio yma am gyfnod hir, Mrs Parry?'

'Fe ddes yma pan briodes i Amos ddeng mlynedd yn ôl. Dyma gartref 'i deulu. Bu ei dad farw rai misoedd cyn hynny, a throsglwyddwyd y les i Amos.'

'Mae pawb yn sôn sut y gwellodd y fferm ar ôl ichi gyrraedd. Bu Mr Parry'n lwcus i gael gwraig mor weithgar a threfnus. Weles i erioed fferm mewn cyflwr mor llewyrchus.'

'Mae lle hardd gennych *chi* yn y Villa, Miss Vaughan. Gobeithio nad oedd ots gennych pan es i mewn i aros y diwrnod o'r blaen, a chithe ddim yno. Ond roeddwn i'n falch i gael sgwrs â Sara. Doeddwn i ddim wedi 'i gweld ers y busnes yna rhyngddi hi ac Amos. Fe'i hargyhoeddes hi mod i ar 'i hochor hi. Wrth gwrs, mae'n amhosib iddi ddychwelyd yma. Dyna pam rwy' mor falch ichi roi gwaith iddi yn y Villa.'

'Y lleia' y gallwn 'i wneud. Ond pam roeddech chi am fy ngweld i, Mrs Parry? Yn ôl Sara, roedd y mater yn dra phwysig.'

Edrychai Rachel Parry ym myw llygad ei hymwelydd. 'Yn ôl pob hanes Miss Vaughan, rych chi'n fenyw a thipyn o *fynd* ynoch chi, a thipyn o *stamp* hefyd. Dych chi ddim yn un i ddiodde' ffyliaid. Rwyf innau o'r un gwneuthuriad. Gresyn na fuase llawer mwy o'n teip ni yn yr ardal 'ma.'

'Does 'na ddim?'

Siglodd Rachel ei phen yn gynhyrfus. 'Criw dof iawn, yw gwragedd y cylch yma . . . Dan fawd 'u gwŷr . . . Dim sbarc, dim hunanbarch! Gweld y dynion yn ymddwyn fel paganiaid, a gwneud dim i'w hatal nhw . . . *Dim.* Wfft shwd fenywod! Pwdls mewn sgertiau!'

'Ewch ymlaen, Mrs Parry.' Dyma fenyw wrth fodd Emma.

'Cymerwch y digwyddiad arswydus yna yn yr ysgol. Mab Sara yn cael 'i chwipio'n ffyrnig, a beth yw adwaith y bobol? Y dynion yn codi'u hysgwydde a dweud bod y gosb yn gwneud lles i'r crwt bach ac yn siwr o unioni 'i feddwl. Es i weld rheolwyr yr ysgol—dynion i gyd, wrth gwrs—a hwythau'n canmol yr ysgolfeistr am gadw'r plant rhag mynd ar gyfeiliorn. Y gweinidog, hyd yn oed, yn gweld fawr ddim o'i le yn yr hyn a ddigwyddodd i Daniel. Ydych chi'n adnabod y Parch Malachi Jones?'

Siglodd Emma ei phen.

'Galw 'i hun yn was Duw,' meddai Rachel yn reit wyllt, 'a chaniatáu i un o blant y capel gael 'i drin fel ci! 'Na chi Gristion! 'Na chi weinidog yr Efengyl! Ac am y mamau, *mae* 'na un neu ddwy wedi mynegi pryder ynghylch y peth, ond yn gwneud *dim!* Dim ond gwingo ac edrych yn drist! Nefoedd Fawr, maen nhw'n codi cywilydd arna i i fod yn fenyw! Ond efalle bod yr argoelion yn gwella, nawr eich bod *chi* wedi ymgartrefu yn y cylch, Miss Vaughan. Ac er mai dim ond dwy ohonon ni sydd, rŷn ni'n ddigon i daro'r drymie a dechre'r frwydr!' Pwysodd ymlaen yn eiddgar. 'Ydych chi'n barod, Miss Vaughan?'

'I beth yn gwmws?'

'Roeddwn i'n meddwl dysgu gwers i Preece.'

''Na chi gyd-ddigwyddiad, Mrs Parry!'

'Cyd-ddigwyddiad?'

'Roeddwn *innau*'n dechrau cynllunio i'r un cyfeiriad.'

'Chwiorydd yn y Ffydd,—dyna ydyn ni, Miss Vaughan! Mae Ffawd wedi'n taflu ni at ein gilydd.'

'Dyna un ffordd i edrych arni.'

'Oes gennych chi gynllun arbennig ar gyfer yr ysgolfeistr?'

'Rhoi blas o'i foddion 'i hun iddo.'

Disgleiriai llygaid Rachel. 'Rhoi cweir iddo?'

'Real grasfa!'

'Rych chi'n athrylith, Miss Vaughan!'

'Wrth gwrs, *dynion* sy'n arfer defnyddio'r wialen; ond rwy'n siwr y gallwn ni'n dwy gyflawni'r dasg. Cachgi yw Preece yn y bôn, fel pob bwli arall. Chawn ni fawr o drafferth ganddo. Gair bach pwrpasol yn 'i glust, bygythiad neu ddau, cynllunio benywaidd o gyfrwys, ac fe fydd Preece yn *ymbil* am y wialen, yn dyheu am gael 'i fflangellu gan ddwy foneddiges.' Crwydrodd llygaid Emma i'r ffenest, a gweld Amos Parry yn croesu'r buarth. 'Beth fydd gan Mr Parry i ddweud, o glywed am 'i wraig yn rhoi curfa i'r ysgolfeistr?'

'Ddweda i ddim gair wrtho; ac mae'n amheus gen i a fydd Preece yn awyddus i daenu'r newyddion. Nid mod i'n gofidio'r un ffigen am opiniwn fy ngŵr.'

'Dych chi ddim?'

'Gan ein bod ni'n dwy yn dod mor agos at ein gilydd, Miss Vaughan, cystal ichi wybod sut mae pethe rhyngof fi ac Amos.'

'O, dydw i ddim am fusnesa, Mrs Parry,' meddai Emma, gan ysu am wybod mwy.

'Mae'r peth wedi corddi y tu mewn imi ers amser; bydd hi'n braf cael rhannu'r baich â chi.'

'Gwnewch y mwya' ohono i, Mrs Parry.'

'Wel, mae'n siwr eich bod chi wedi gofyn *un* cwestiwn o leia' i'ch hun. Sut y gall menyw lân a destlus fel fi rannu gwely â dyn fel Amos? Cyfaddefwch, Miss

77

Vaughan! Mae'r cwestiwn *wedi* croesi'ch meddwl!'

'Wel . . .'

'Fe ddatgela i'r gyfrinach ichi, ond i neb arall. Dydw i ddim *yn* rhannu gwely ag Amos. Dim yn rhannu gwely nac yn rhannu *ystafell* wely chwaith. Dydi e ddim wedi cael gosod troed lan llofft ers blynyddoedd.'

'Dych chi ddim yn byw fel gŵr a gwraig?'

'Yn gwmws! Rwyf *i'n* cysgu yn y llofft, ac Amos yn y 'sgubor.'

Syfrdanwyd Emma. 'Amos yn y 'sgubor?'

'Yr unig le sy'n addas iddo. Rwy'n 'i ddanfon e allan ar ôl swper, â'i wely ar 'i gefn. Mae 'na lofft fach neis yna, yn gynnes a chysurus. Ac yn y bore bach, cyn i'r gweision gyrraedd, fe ddaw Amos 'nôl i'r tŷ, a phawb yn meddwl 'i fod e wedi bod yn ŵr cydwybodol imi drwy'r nos.'

'Ac mae'n cytuno â'r drefn?'

Nodiodd Rachel, a gwên fach ar ei hwyneb.

'Sut llwyddoch chi i gyflawni'r wyrth, Mrs Parry? Fydde sawl gwraig yn hoffi gwybod y gyfrinach!'

'Fe ddweda' i wrthoch chi; ac mae *yn* gyfrinach, cofiwch. Rwy' wedi datblygu perthynas agos â'r landlord,—agos *iawn*, a dweud y gwir.' Winciodd Rachel yn llawen a digywilydd. 'Dyn hyfryd iawn . . . Ac yntau'n meddwl cymaint ohono i fel iddo fod yn barod i drosglwyddo les y fferm i'm henw *i*. Fedrwch chi gredu'r fath beth?'

'Yn hawdd iawn,'

'Fe ŵyr Amos yn iawn fod ei denantieth e mewn peryg. Un gair wrtho i, ac fe fydd yntau yn ddim amgenach na gwas fferm. Pan gafodd e 'i alltudio i'r 'sgubor, doedd e ddim mewn sefyllfa i ddadlau.'

'Rych chi wedi trefnu pethe'n glyfar iawn, Mrs Parry.'

'Dim ond mater o ddefnyddio'r talente a roddwyd imi,' meddai Rachel yn ddiymhongar.

'Mae gennych ymwelydd arall,' meddai Emma, gan

sylwi ar ŵr bonheddig yn camu at y tŷ. 'Nefoedd Fawr! Dydi e ddim yn bosib!' Cododd o'i chadair, a mynd at y ffenest, gan ofalu peidio â mynd yn *rhy* agos hefyd, rhag ofn i'r ymwelydd ei gweld. 'Wel, *wel!*' meddai yn dawel.

'Ydych chi'n 'i adnabod?' meddai Rachel, a safai yn awr wrth ochr Emma.

'Dych chi ddim yn 'i adnabod, Mrs Parry?'

'Fedra' i ddim dweud *mod* i,' meddai Rachel yn araf, a rhywbeth yng ngoslef ei llais yn gorfodi Emma i graffu'n fanwl arni. 'Dwedwch pwy *yw* e ... Yn gyflym, Miss Vaughan, cyn imi ei adael i mewn!'

'Matthew Arnold!'

'Pwy?' Roedd yn amlwg na olygai'r enw ddim byd i Rachel.

'Matthew Arnold! Dyn nid anenwog yn Lloegr, ac eitha' pwysig yng Nghymru hefyd.'

'Wel pwy feddylie?' Chwarddodd Rachel yn ysgafn wrth fynd i ateb y drws.

Gweithiai ymennydd Emma yn ffyrnig i geisio dyfalu pwrpas ymweliad Matthew Arnold. A beth oedd arwyddocâd y chwerthiniad ysgafn yna ar wefusau Rachel Parry? Roedd drws y parlwr yn gilagored, ac Emma yn medru clywed y geiriau a ddeuai o'r cyntedd

'Wel, 'na neis i'ch gweld chi eto!' meddai Rachel.

'Ydi hi'n gyfleus?' Roedd llais Matthew braidd yn bryderus.

'Wrth gwrs.'

'Does neb arall yma?'

'O, does dim angen ichi fod yn nerfus. Tynnwch eich het a'ch côt. Dyna fe! Nawr ewch trwodd i'r parlwr.'

Edrychai Emma yn syn ar Rachel yn arwain Matthew i mewn, a llaw Rachel yn eofn ar fraich y bardd, ond troes syndod Emma yn llawenydd pur wrth iddi weld dryswch y bardd pan syrthiodd llygaid hwnnw arni hi. *'Wel!'* meddai Emma yn ei llais melysaf. 'Mr Arnold o bawb!

Ac yn fferm Bryn-y-Groes o bobman! Wyddwn i ddim fod gennych chi ddiddordeb mewn ffermio, Mr Arnold!'

Pesychodd Matthew, a rhoi gwên fach swil. 'Prynhawn da, Miss Vaughan.'

'Wnewch chi fy nghyflwyno i, Miss Vaughan?' meddai Rachel.

'Ond dych chi ddim *wedi* cyfarfod yn barod?'

'O, fe gawson ni air neu ddau ym marchnad Abergarth, dyna i gyd, wrth un o'r stondinau. Roedd y gwerthu mor gyffrous, fe anghofion ni ddatgelu'n henwe i'n gilydd. Ond fe roes fy nghyfeiriad iddo, heb feddwl am foment y byddai'n talu unrhyw sylw iddo.'

'Wel, Mr Arnold,' meddai Emma, 'dyma Mrs Rachel Parry.'

Yn dal yn ddwfn yn ei benbleth, rhoes Matthew wên fach arall. 'Dydw i ddim am ymyrryd ar eich sgwrs. Fe alwa' i rywbryd eto, Mrs Parry.'

'Nonsens! Fedrwch chi ddim ymadael ar unwaith, wedi cymryd gymaint o drafferth i ddod. Rwy'n hynod falch o'ch gweld chi, yn enwedig o glywed gan Miss Vaughan eich bod yn ddyn enwog.'

'Mae Miss Vaughan yn gorddweud,' meddai Matthew yn anghyffordddus.

'Dim o gwbl!' meddai Emma. 'Bardd, Arolygwr Ysgolion, mab i brifathro ysgol fonedd enwog Rygbi, mab-yng-nghyfraith Barnwr yr Uchel Lys . . . Mae'n amheus gen i, Mrs Parry, a gawsoch chi erioed ddyn mor nodedig yn eich parlwr!'

'Wel, 'na anrhydedd!' meddai Rachel. 'A minnau'n meddwl mai dim ond gŵr bonheddig cyffredin oeddech chi, Mr Arnold. Na, nid cyffredin chwaith. Doedd 'na ddim byd cyffredin yn y modd y cipioch chi fy sylw yn y farchnad.'

'O? Sut cyflawnodd o hynny?' holodd Emma.

'Rhywbeth rhyngof fi a Mr Arnold yw hynny, yntê Mr Arnold? Nawr dewch i eistedd. Cymerwch fy nghadair i.

Dylswn fod wedi gofyn ichi eistedd cyn gynted ag y daethoch i mewn, yn lle gwneud ichi sefyll fel hyn. Ond dyna fe, rych chi'n gwneud eich gwaith gore tra'n sefyll ar eich traed . . . '

Beth yn y byd a olygai Rachel Parry gyda'r geiriau yna? Craffodd Emma ar y ffermwraig hoffus unwaith eto; roedd yna ddyfnderoedd diddorol i wraig yr arswydus Amos! Beth yn union a ddigwyddodd yn y farchnad?

'Ydych chi wedi bod yn y rhan yma o Gymru o'r blaen, Mr Arnold?' holai Rachel, a setlo ei hun ar gadair fach yn ymyl Matthew.

'Na.'

'Ble rych chi'n aros?'

'Yn y Bridge Hotel yn Abergarth.'

'Lle digon cyfforddus, medden nhw,' meddai Emma. 'Er, nid mor gyfforddus â'ch cartre' chi, mae'n siwr, Mr Arnold. Fedr gwesty ddim cymryd lle gwraig a phlant.'

'Digon gwir,' meddai Matthew yn wanllyd.

'Mary yw enw'ch gwraig?' holai Rachel.

Siglodd Matthew ei ben a gwrido. Oni bai i'w whisgers guddio ei fochau, meddyliai Emma, byddai ei holl wyneb ar dân. Pwy oedd Mary? Lle cafodd Rachel Parry afael ar yr enw yna?'

'Camgymeriad bach ar fy rhan i,' meddai Rachel. 'Beth *yw* enw'ch gwraig 'te? Rŷn ni *yn* fusneslyd, fel y gwelwch.'

'Frances Lucy,' Ymddangosai Matthew fel pe bai'n cael anhawster i ollwng y geiriau o'i wefusau.

'Enw smart,' meddai Rachel. 'Enw modern iawn, yn wahanol i'm henw i.'

'Beth fydde hwnnw?' meddai Emma.

'Rachel. Allan o'r Hen Destament.'

Tybiai Emma iddi weld Matthew yn gwingo wrth glywed yr enw. 'Fedrech chi ddim cael enw mwy nobl na hwnna,' meddai Emma. 'Dych chi ddim yn cytuno,

Mr Arnold?'

'Siwr iawn.'

'O, mae'r enw yn llawer rhy barchus,' protestiai Rachel. 'Mae'n cyfyngu ar fy steil pan rwy'n teimlo'n ddrygionus. Er *mae* 'na adegau pan rwy'n anghofio'r enw a bwrw ati! Dych *chi* ddim yn cael llawer o amser i ddrygioni yn eich gwaith fel Arolygwr Ysgolion, Mr Arnold, debyg iawn?'

'Mae *yn* waith sobor o ddifrifol gan amla', er, mae iddo ysbeidie ysgafn.'

'Ydi Mr Preece yn gyfrwng adloniant ichi?' gofynnodd Emma.

Gwgodd Matthew. 'Dydw i ddim y credu y dylem siarad am Mr Preece.'

'Ydych chi wedi ymweld â'i ysgol eto?'

Siglodd Matthew ei ben. 'Mae ysgolion eraill ar fy rhestr. Rhaid i Mr Preece aros ei dro.'

'O, fe ddylai Mr Preece fod ar ben y rhestr, a chithe yn un o'i arwyr,' meddai Emma yn ddirmygus. 'Ac wrth gwrs, rych *chi'n* 'i edmygu *e* hefyd.'

'Does bosib!' meddai Rachel, gan afael ym mraich Matthew. 'Dych chi ddim yn edmygu Mr Preece o bawb?'

'Nid dyma'r lle na'r amser i drafod y mater.'

'Ond mae gan Mrs Parry a minne ddiddordeb personol yn y dyn erbyn hyn,' meddai Emma.

'Pa ddiddordeb personol?' meddai Matthew.

'Y crwt bach a gafodd gweir mileinig gan Preece ... Daniel Lewis ... Wel, bu ei fam yn gweithio ar fferm Mrs Parry, ac yn awr mae'n forwyn i mi.'

''Na lwcus ichi'n dal ni gyda'n gilydd fel hyn, Mr Arnold,' meddai Rachel. 'Roedden ni'n sôn am Preece jest cyn ichi gyrraedd; a nawr dyma chi, yr union ddyn i ddatrys y broblem, a gosod Preece yn 'i le! Fe ddwedwn i fod Rhaglunieth wedi'ch gyrru chi yma heddiw, Mr Arnold. A dyna chi'r ffordd i ni'n dau gyfarfod â'n gilydd yn y farchnad—tybed a oedd llaw Rhagluniaeth y tu ôl i hynny hefyd? Wedi'r cyfan, oni bai am y cyfarfod yna, fasech chi ddim wedi dod yma heddiw. Mae *yn* gwneud ichi feddwl, Mr Arnold, on'd ydi?' Pwysai Rachel ymlaen at Matthew i danlinellu ei phwynt.

Chwaraeai Matthew yn ffyrnig â'i fonocl. 'Cyfres o gyd-ddigwyddiade, dyna'r cwbl, Mrs Parry.'

'Pryd wnewch chi ymweld ag ysgol Preece?' meddai Emma. 'Efalle y bydd Daniel Lewis yno i'ch croesawu— hynny yw, os bydd y cleisiau difrifol ar 'i gefn wedi clirio. Mae'n fachgen bach hawddgar iawn, yn or-awyddus i blesio.'

'Druan bach!' meddai Rachel. 'Sut *medrwch* chi ganiatáu'r fath gosbau, Mr Arnold, a chithe'n ddyn mor sensitif, mor dyner,—yn dyner hyd flaenau'ch bysedd! Chwrddais i erioed ddyn mor *deimladwy* . . .'

Roedd Matthew yn gwrido unwaith eto, ac Emma unwaith eto yn ceisio dyfalu'r berthynas rhwng y bardd a'r ffermwraig, ac yn methu'n lân.

Cododd Emma. 'Wnewch chi faddau imi, mae'n rhaid imi fynd. Gweithiwch ar Mr Arnold, Mrs Parry! Ceisiwch ei gael e i newid 'i feddwl ynglŷn â Preece. Rwyf *i* wedi methu; efalle bod eich dylanwad chi arno yn drymach; synnwn i ddim. A pheidiwch anghofio am y cynllun arbennig yna roedden ni'n sôn amdano. Fe alwa' i heibio nos yfory i drafod y manylion. Fydd hynny'n gyfleus?'

'Rwy'n edrych ymlaen. Peidiwch â bod yn hwyr!'

'Fe ffindia' i fy ffordd allan; arhoswch chi yma, Mrs Parry. Efalle y cawn gwrdd eto, Mr Arnold. Pwy a ŵyr? Dwedwch a fynnoch chi, mae Rhagluniaeth *yn* gweithredu mewn ffyrdd rhyfedd iawn.'

Felly y ffarweliodd Emma â'r ddau: yr Arolygwr Ysgolion wedi codi ar ei draed yn gwrtais ond yn dal yn amlwg anghyfforddus, a Rachel Parry wrth ei ochr, a'i hwyneb yn llawn drygioni.

Syllai Matthew ar Rachel, a theimlo'n flin ei fod wedi ildio i'w synhwyrau cnawdol a mentro ar yr antur o ymweld â'r fferm. Ond roedd wedi bod mor unig y prynhawn hwnnnw yn y gwesty, a'i gof o'r hyn a ddigwyddodd yn y farchnad yn tanlinellu ei unigrwydd. Mor orfoleddus y munudau hynny yng nghanol y dorf, a'i law dde yng Ngwlad yr Addewid! Trueni i'r achlusur orffen yn lletchwith. Ond o feddwl am y peth, ei fai *ef* oedd hynny—ei enaid yn rhy sensitif i dafod direidus y ddynes ryfedd. Fodd bynnag, gyrrodd yr atgofion melys ef i estyn ei gôt, ei wthio allan o'r gwesty ac o'r dref, a throi ei gamre tuag at fferm Bryn-y-Groes. Dyna'r enw a sibrydwyd yn ei glust, ac yntau yn y cyfamser wedi gwneud ymholiadau am denantiaid y fferm, a chlywed pethau da am Mrs Parry ond nid felly am ei gŵr. Sefyllfa addawol iawn . . . A dyma fe, ym mharlwr Bryn-y-Groes, yn darganfod bod Mrs Parry yn ffrind i Emma Vaughan. Hen dro diflas.

'Diar mi! 'Na drist rych chi'n edrych, Mr Arnold!' meddai Rachel.

Roedd hi mewn gwisg felfed unwaith eto, gwisg o goch llachar a wrthgyferbynnai yn ddramatig â'i llygaid gleision a'i gwallt du. Heb os, roedd hi'n ddynes hardd a lluniaidd, yn meddu ar gorff dipyn llawnach nag un Emma Vaughan ond eto yr un mor ddeniadol. Yn wir fe deimlai Matthew rym cnawdol yn pelydru ohoni.

'Dydw i ddim yn siwr a ddylswn fod wedi dod, Mrs Parry, yn enwedig o weld eich bod yn ffrind i Miss Vaughan.'

'Beth yw'r ots am hynny?'

'Mae'n siwr 'i bod hi wedi troi'ch meddwl chi yn fy erbyn i.'

'Pam y dylai hi? Fodd bynnag, soniodd hi erioed amdanoch chi wrtho'i. A dweud y gwir, cyn ichi ddod drwy'r glwyd yna y prynhawn yma, wyddwn i ddim eich bod chi'ch dau yn adnabod eich gilydd. Fe'i synnwyd hi wrth eich gweld chi'n galw heibio! Nawr dewch i eistedd gyda mi ar y soffa, a dweud eich hanes wrtho'i. Mae 'na gymaint yr hoffwn ei wybod!' Arweiniodd Rachel ef at y soffa, ac eistedd wrth ei ochr. Pesychodd Matthew, ac edrych yn fanwl ar ei esgidiau.

'Dych chi ddim yn nerfus, does bosib, Mr Arnold? Roeddech chi mor feiddgar yn y farchnad! Nid mod i ddim wedi mwynhau, ond roedd y profiad mor annisgwyl! Dyna lle'r oeddwn i, gwraig fferm barchus a diniwed, yn sydyn yn darganfod llaw gŵr bonheddig dieithr ar fy nghoes! 'Na chi sioc! A 'na chi wefr hefyd! Gyda llaw, pwy *ydi* Mary?'

'Mary?'

'Dewch nawr, Mr Arnold! Roedd 'i henw hi ar eich gwefuse yn y farchnad. Rych chi'n hoff *iawn* ohoni, a barnu wrth y ffordd roeddech chi'n ochneidio 'i henw.'

'O, dim ond rhywun dibwys o'r gorffennol yw hi,' meddai Matthew.

'Nid *hollol* ddibwys ddwedwn i, Mr Arnold! Tybed a ydw i'n eich atgoffa chi ohoni? Ai dyna pam rych chi wedi cymryd ata' i? Hoffwn i gwrdd â hi!'

Penderfynodd Matthew newid y pwnc. 'Dwedwch wrtho' i am eich gŵr, Mrs Parry.'

'Nid dyma'r amser i sôn am wŷr, Mr Arnold! Nawr wnewch chi ffafr â mi?'

'Ffafr?'

'Un fach, Mr Arnold! I blesio ffermwraig fach ddiniwed. Gwnewch chi?'

'Os galla'i.'

'Gwisgwch eich monocl!'

Drwgdybiai Matthew ei bod yn ei wawdio. 'Does dim o'i angen arna' i ar y foment.'

'Ond er fy mwyn *i*! Dwi erioed wedi eistedd yn ymyl dyn â monocl yn 'i lygad. Bydd yn brofiad cyffrous imi. Dewch nawr, Mr Arnold! Goleuwch fy mhrynhawn! Dygwch fi i mewn i wlad y breintiedig!'

Gwasgodd Rachel ei phenlin yn erbyn ei benlin ef, a dal i wasgu.

Wrth iddo deimlo'r cyffyrddiad cynnes a phendant yna, gwyddai Matthew ei bod ar ben arno. Ni lwyddodd erioed i wrthsefyll y fath neges. Gan deimlo braidd yn wirion, cododd y monocl i'w lygad.

Craffodd Rachel arno, a'i hwyneb yn ddarlun o ddifrifoldeb, a'i llais yn murmur ''Na hyfryd rych chi'n edrych, Mr Arnold!'

Teimlai Matthew yn chwithig.

'Rych chi'n gwrido, Mr Arnold! 'Na gymysgwch ych chi! Mor bwysig, ac eto mor swil! Fe ddylai Arolygwr Ysgolion fod yn gymeriad caled. Ond dyma chi, mor swil â chrwt ifanc! Mae'n siwr o fod yn brofiad pleserus i unrhyw brentis-athro gael ei archwilio gennych *chi*. Dwedwch wrtho' i Mr Arnold, ydych chi'n gyfrifol am *fenywod* sy' am fod yn athrawon?'

'Wrth gwrs.'

'O, rych chi'n siwr o fod yn ddifrifol o dyner wrthynt. *Fedrech* chi ddim bod yn gas wrthynt—dydi e ddim yn eich natur chi. Mae rhai ohonyn nhw yn ifanc iawn, siwr o fod, ac yn bert! Ydi Mary yn un ohonyn nhw?'

Pam y taro cyson yma ar enw Mary? Roedd y peth yn chwithig dros ben. 'Ydi hi'n bosib anghofio Mary?' meddai Matthew yn addfwyn.

'O'r gore, Mr Arnold, os mai dyna'ch dymuniad chi. Dw i ddim am eich ypsetio chi. Wedi'r cyfan, dod yma am gymorth a chyngor y gwnaethoch chi.'

'Cymorth a chyngor?'

'Wel, *mae* 'na broblem fach gennych chi, on'd oes? Mae 'na *rywbeth* o'i le pan fo dyn priod yn mynychu marchnadoedd a gwneud y pethe rych *chi'n* 'u gwneud. Nid fod gwahaniaeth gen i, cofiwch—fe ges i bleser mawr o'ch gweithrediade cudd. Ond mae'n bosib na fydd pobol eraill mor oddefgar a deallus ac yr ydw i. Ac rwy' *yn* deall, Mr Arnold!'

'O?'

'Rych chi'n brofiadol iawn mewn rhai pethe, Mr

Arnold. Yn y mater o ddysgu athrawon sut i wthio tipyn o hanes a daearyddiaeth a rhifyddeg i mewn i benglogau plant, debyg iawn mai chi yw'r awdurdod mwya' yn y wlad. Ond mewn meysydd eraill, dych chi ddim yn amgenach na phrentis. Angen hyfforddiant sy' arnoch chi,' aeth Rachel yn ei blaen, a gosod ei llaw yn gadarn ar ei fraich. 'Yn ystod yr awr fach nesa, *fi* fydd yr Arolygwr, a chi fydd y disgybl.'

Gwyddai Matthew nad oedd dihangfa, ac yntau mor rwymedig i'w reddfau cnawdol. Ond pam y dylai deimlo'n euog? Gwir mai anaml y ceid dynion mor llewyrchus ag ef mewn cyfathrach agos â gwraig fferm. Ond eto *roedd* yna ddynion o fri wedi taflu eu hunain i freichiau menywod o dras isel . . .

"Na dawel ych chi, Mr Arnold! Disgybl delfrydol, yn dweud dim, ond yn aros yn eiddgar am y wers!' Ar amrantiad, pwysodd Rachel ymlaen a rhedeg ei thafod yn chwareus dros wyneb Matthew. Bron yn ddiarwybod iddo, crwydrodd tafod Matthew i mewn i glust Rachel a phrofi ffurf a gwead yr aelod delicet hwnnw.

Gwenodd Rachel yn garedig arno. 'Pum marc allan o ddeg rwy'n eu rhoi ichi am y perfformiad yna, Mr Arnold!'

Gan anadlu'n drwm, disgwyliai Matthew am ei thacteg nesaf—yn wir, edrychai ymlaen yn eiddgar. Gwyddai yn iawn mae *hi* oedd wrth y llyw, ond hyfrydwch pur fyddai cael ei goncro gan y ddynes yma—y *ddewines* yma—yn ei melfed coch. Cofiai Matthew yn sydyn sut y dyheai, flynyddoedd yn ôl, am gael ei feddiannu gan Rachel arall, yr actores Ffrengig enwog honno y gwelodd yn y Comédie Francaise. O fel y chwenychai ef ei chorff hi y noson honno, a'i henaid yn ymestyn dros bennau'r gynulleidfa tuag ati! Dynes o dras isel oedd hithau hefyd, ond yn meddu ar y gallu i ddadansoddi a chyfleu, yn y modd mwyaf gwefreiddiol, arwresau clasurol Racine a Corneille. Ac roedd gan y Rachel Gymraeg yma ym

Mryn-y-groes afael yr un mor gadarn ar enaid clasurol Matthew Arnold . . .

'Ga' i ddweud wrthoch chi beth yw craidd eich problem chi, Mr Arnold?'

Nodiodd Matthew yn wirion ond yn hapus.

'Rych chi wedi cael gormod o addysg, Mr Arnold.'

'Gormod o addysg?'

'*Llawer* gormod. Gormod o lyfrau, gormod o fywyd ail-law. Mae angen eich tynnu chi allan i'r byd real, angen eich ystwytho chi ar gyfer pobl o gig a gwaed—gwragedd o gig a gwaed. Ond nid yr ystafell yma yw'r lle gorau am hynny. A chyn imi roi'r wers gynta' ichi, fe hoffwn i ddangos rhywfaint o'r fferm ichi, a chithe wedi mynd i'r drafferth o ddod yma. Fe awn am dro bach o amgylch rhai o'r adeilade, ac yna nôl am ddysgled o de—hynny yw, os bydd gennych y nerth i godi'r cwpan.'

'Nerth i godi'r cwpan?'

'Wel pwy a ŵyr be' ddigwydd inni? Mae beudai ac ystablau ac ysguboriau yn llefydd peryglus tu hwnt, ysguboriau yn arbennig . . . Yr holl wellt yna ar y llawr.' Winciodd arno. 'Rwy'n hoff iawn o sŵn a theimlad gwellt o dan fy nghefn.' Winciodd drachefn cyn neidio i fyny a thynnu Matthew ar ei hôl i gyfeiriad y drws ac allan i'r cyntedd. 'Gwell ichi wisgo'ch het a'ch côt fawr, Mr Arnold. Mae'n oer allan, er gwaetha'r haul. Gallech ddal annwyd rhwng y tŷ a'r sgubor.' Gafaelodd yn het Matthew, a'i gwthio braidd yn arw am ei ben, cyn dal ei gôt ar agor iddo ei gwisgo.

Gan deimlo'n ddryslyd o gael ei hun mor sydyn yn y cyntedd ac ar fin mynd ar bererindod i'r ysgubor, sleifiodd Matthew ei freichiau i mewn i lewys ei gôt fawr a syllu ar Rachel. Gwenai honno wrth wisgo ei chlogyn, yr union glogyn oedd amdani y prynhawn tyngedfennol hwnnw ym marchnad Abergarth.

Dyma'r ddau ohonynt allan i'r buarth, a gafael Rachel

ar fraich Matthew yn gadarnach nag erioed. Craffodd Matthew arni o gornel ei lygad. Yn heulwen aeafol y prynhawn, taenai gwawr euraid-binc dros ei chroen a dawnsiai ei llygaid â rhyw ddireidi disgwylgar—llygaid gleision a ymddangosai yn awr yn rhyfeddol o debyg i lygaid Mary Claude, a dychymyg Matthew o'r herwydd yn carlamu'n wyllt. A oedd ef ar fin cael ei daflu i'r gwellt a'i dreisio'n ogoneddus o ddidrugaredd gan yr Amazon yma? A oedd ef i brofi rhyw ddefod dywyll a chyntefig a nwydus-dymhestlog yn ei dwylo meistrolgar, defod na wyddai neb amdani ond y Celtiaid a dreuliai eu dyddiau mewn cysylltiad â hen bweroedd neolithig y pridd? Syllodd Matthew arni eto, a gweld ei hanadl yn dianc megis rhubanau ffiligri o'i gwefusau a heibio i'w hwyneb, a hynny yn dyfnhau'r cyffro yn ei enaid. Edrychai Rachel yn syth o'i blaen, a'i chamre yn frysiog a'i hymarweddiad yn angerddol-ddwys, fel pe bai yn ofni bod yn hwyr.

Cyraeddasant ddrws un o'r adeiladau allanol. 'I mewn â ni!' sibrydodd Rachel, gan godi'r glicied.

Gwthiwyd Matthew i mewn, a chaeodd Rachel y drws y tu cefn iddynt. Safai Matthew yn ansicr, a chrychu ei lygaid wrth geisio dygymod â'r golau gwan a ddeuai drwy'r unig ffenestr. Yr oedd y lle yn rhyfeddol o gynnes. Ar bob llaw yr oedd mân offer amaethyddol, naill ai yn hongian yn ddestlus ar y muriau trwchus, neu yn gorwedd yn daclus ar y llawr. Yna sylwodd Matthew ar ysgol yn pwyso yn erbyn llofft agored a ymestynnai ar draws hanner yr adeilad. Dringodd ei lygaid i fyny.

'Dyna chi, Mr Arnold!' sibrydodd Rachel. 'Dyna'r cysegr-le! A dyna le bach clud, choeliech chi fyth! Rhowch eich het i mi. Nawr i fyny â chi.'

Hanner ffordd i fyny, oedodd Matthew. Trawyd ef yn sydyn gan ryfeddod ei sefyllfa. Dyma lle'r oedd e, cyn-ddisgybl o Winchester a Rugby, cyn-fyfyriwr o Goleg Balliol, Cymrawd o Goleg Oriel, ysgolhaig, hyddysg yn

Lladin a Groeg a Ffrangeg a'r Almaeneg, Arolygwr Ysgolion, bardd o fri a symudai yn y cylchoedd mwyaf breintiedig yn dringo ysgol mewn ysgubor ym mherfeddion tywyllaf Cymru, a dynes aeddfed-ddrygionus yn ei annog i frysio . . . Beth ddywedai ei ffrindiau pe gwelsent ef yn awr? Ond onid oedd hawl gan y dyn mwyaf gwareiddiedig i ddiosg ei ysgolheictod o dro i dro a mwynhau munudau cyntefig, fel y gwnaeth y prynhawn tesog hwnnw yn Rhydychen, ac yntau'n fyfyriwr beiddgar, gan hyrddio ei ddillad o'r neilltu a phrancio'n noethlumun ar lan afon Cherwell . . .

'Be' sy'n bod, Mr Arnold?' daeth y llais peryglusddeniadol. 'Dych chi ddim yn ofni uchder, does bosib?'

'Na, na!' Daeth Matthew ato'i hun a thynnu ei hun i fyny i'r llofft. Edrychodd o'i amgylch. Cuddiwyd llawr y llofft gan garped trwchus o wellt, ac mewn un cornel, wedi ei wthio i'r ongl rhwng y to a'r llawr, yr oedd matras o wellt, ac wrth ei ymyl ganhwyllbren haearn a haen o wêr toddedig ar draws ei waelod. Symudodd Matthew at y matras, a'r trawstiau yn pryfocio ei euogrwydd wrth iddynt wichian o dan ei droed.

'Tynnwch eich dillad, Mr Arnold!'

Ysgytwyd Matthew. Safodd yn stond.

'Nid *popeth* wrth gwrs,' daeth y llais pechadurus o'r dyfnderoedd. 'Dim ond eich côt a'ch siaced a'ch gwasgod a'ch trowsus. Mae 'na le ar y muriau lawr 'ma i'w hongian yn daclus. 'Dyw'r gwellt yn y llofft ddim digon glân.'

Dychwelodd Matthew i'r man lle gallai gadw ei lygad ar y wrach ddeniadol. 'Dw i ddim yn meddwl fod angen,' meddai, a'i lais yn ansicr.

'Dewch, dewch, Mr Arnold! Fedrwn ni ddim trochi'ch dillad crand! Be' ddwedai pobol y gwesty? Ac mae'n rhaid inni gael rhyddid i ymgodymu â'n gilydd yn llawen, heb ofidio am gyflwr eich trowsus! Brysiwch, ddyn! Dim ond awr sy' gennym cyn i Amos ddychwelyd o'r caeau!' Hyd yn oed yn y golau gwan, pefriai llygaid Rachel â chyfaredd paganaidd, a'i llais yn awr fel petai'n cynnwys sŵn dail yn siffrwd mewn hen goedwig dderwyddol.

Yn araf a phwyllog, gan deimlo ffolineb ei weithred ond eto yn gwbl analluog i wrthsefyll swyn y llais, tynnodd Matthew ei gôt.

'Dyna chi, Mr Arnold! Taflwch hi i lawr!'

Plymiodd y gôt i lawr i freichiau agored y ddewines a aeth ati i'w hongian yn ofalus ar hoelen yn y mur gerllaw.

'Nawr am y siaced a'r wasgod, Mr Arnold!'

Amhosib ymladd yn erbyn goslef y llais yna, goslef a atgoffai Matthew o oslef llais Mary Claude wrth i honno ei bryfocio a'i herio—ac yna weithiau ei wrthod. Tynnodd Matthew ei siaced a'i wasgod, a'u gollwng i'r dyfnderoedd.

'Ac yn awr y pwysicaf oll, Mr Arnold! Y trowsus!'

Eiliad yn unig i betruso, ac yna dyma Matthew yn ufuddhau, a'i symudiadau yn araf a phwrpasol, fel petaent yn rhan o ddefod sanctaidd.

Gosododd Rachel y trowsus yn dyner-ofalus gyda'r cotiau a'r wasgod. Yna edrychodd i fyny, gan beri i Matthew i deimlo yn sydyn ymwybodol o ddiffyg urddas ei ddillad isaf. Camodd yn ei ôl, nes bod dim ond ei ben yn weladwy i Rachel. Gafaelodd Rachel yn yr ysgol. Roedd calon Matthew yn neidio, a'i anadl yn cyflymu fel y byddai bob amser ar foment mor dyngedfennol.

Ac yna, digwyddodd yr annisgwyl a'r anghredadwy. Tynnodd Rachel yr ysgol ymaith, a'i gollwng, gan adael iddi syrthio'n fyddarol o swnllyd ar lawr yr ysgubor.

'Mrs Parry!' ebychodd Matthew.

Ond roedd Rachel yn agor drws yr ysgubor, ac yn bloeddio, 'Amos! Dere 'ma ar unwaith!' a'i llais yn diasbedain ar draws y buarth.

'Mrs Parry!' Teimlai Matthew ei ddamnedigaeth yn

cau amdano.

Dal i weiddi a wnâi Rachel. 'Amos! Ble rwyt ti? Dere 'ma, ddyn! Mae gen i waith iti!'

Clywodd sŵn traed bygythiol-drwm yn agosáu. Safodd Rachel o'r neilltu, a gwelodd Matthew ŵr barfog, garw, mynyddig ac aflan, ei fodiau yn nythu y tu ôl i'r gwregys islaw ei fol enfawr.

'Ie, Rachel?' Yr oedd y llais cras yn syndod o ufudd.

Cyfeiriodd Rachel at y llofft.

'Pwy ddiawl yw hwnna?' meddai Amos.

'Gŵr bonheddig o Lundain, Amos.'

'O Lundain? Fe ddaeth o Lundain yn y cyflwr yna?'

'O na, Amos. Fe gyrhaeddodd yma'n ddigon parchus yr olwg, ond yna fe ddringodd i'r llofft a thynnu'i ddillad. Dyn bach od, ond yn siarad yn neis ofnadw. Acen y crachach. Dwedwch rywbeth wrth Amos, Mr Arnold.'

Yr oedd ymennydd Matthew yn dymestl o ddryswch, ac ofn yn llechu ar gyrion y storm.

'Beth mae'r diawl yn 'i wneud ar y llofft 'na?' holodd Amos. 'Gobeithio dwyn gwely am y nos?'

'Ie,' meddai Rachel, '*a* chael dy wraig i rannu'r gwely gydag e.'

Tynnodd Amos ei law ar draws gwlybaniaeth ei drwyn, a phoeri'n rymus. 'Beth wnawn ni ag e, Rachel?'

'Ei ddanfon yn ôl i Lundain, ynghyd â phrawf gweladwy ei fod *wedi* ymweld â ni.'

Goleuodd wyneb Amos. 'Wyt ti am iddo brofi fy nyrnau?'

Gwingodd Matthew. Gwibiodd ei feddwl yn ôl at yr achlysur hwnnw yn ysgol foneddWinchester, ac yntau yn bedair ar ddeg oed, a bwli'r ysgol yn ymosod arno'n fileinig wedi i Matthew achwyn wrth y Prifathro, Dr Moberly, fod y gwersi a'r ymarferiadau Lladin a roddid i'r bechgyn yn llawer rhy rhwydd. Daeth dyrnau'r bwli ato yn gawod esgyrnog, a chyfeiliant geiriol i bob ergyd: 'How's that for a Vergilian epic?' 'Taste this one from Aeneas' anus!' 'Here's an undiscovered Horace hexameter!' 'Try that one for size, you clever little classical shit!' Deuai'r geiriau a'r ergydion yn ôl yn awr dros ysgwyddau'r blynyddoedd.

'O na!' Torrwyd ar hunllef Matthew gan lais Rachel. 'Dim trais! Dim byd mor anwaraidd â hynny! Ond gan iddo fod mor barod i dynnu'i ddillad 'i hun, fe gaiff ddychwelyd i Lundain mewn siwt arall.' Cyfeiriodd Rachel at ddillad Matthew yn hongian ar y mur. 'Rhwyga nhw, Amos!'

'Na, na!' gwaeddodd Matthew. 'Byddwch yn rhesymol, Mrs Parry! Er mwyn popeth!'

Ond yr oedd yr anghenfil barfog eisoes wedi gafael yn siaced Matthew.

'Un funud, Amos,' meddai Rachel. 'Tynn y wats aur a'r gadwyn allan o'r wasgod, a'r monocl allan o'r siaced. Dyna ni. Diolch. Fe rown ni'r teganau bach 'ma yn ôl iddo yn y man. Nawr te, Amos—ymlaen â'r gwaith!'

Unwaith eto cydiodd y bysedd aflan yn y siaced foethus. Yna, â'i draed ar led, cychwynnodd Amos ar ei orchwyl, a'i duchan bwystfilaidd yn gyfeiliant i sŵn y defnydd drudfawr yn cael ei rwygo'n ddarnau mân, a'r darnau'n cael eu lluchio ar draws yr ysgubor. Côt fawr, siaced, gwasgod, trowsus . . . Cyfarfu bob un â'i Nemesis, a'u perchennog yn gwylio'r llanast yn ddiymadferth ac yn fud. I goroni ei ymdrechion, cydiodd Amos yn het Matthew, a'i gosod ar y llawr, ac yna gwthio'i droed enfawr arni a'i sathru'n drwyadl.

'Da iawn, Amos,' meddai Rachel. 'Bydd rhagor o gig ar dy blât-swper heno. Nawr mae'n rhaid inni wisgo Mr Arnold yn dwt. Mae 'na hen siaced o'th eiddo di, *a* hen drowsus, mewn sach yn y cwtsh coed-tân, yn barod i'w llosgi. Fe gânt eu hachub o'r fflamau. Dos i'w nôl nhw!'

Trampiodd Amos ei ffordd allan o'r ysgubor.

Edrychodd Rachel i fyny at Matthew, a hwnnw yn awr yn darganfod elfennau demonaidd yn ei hwyneb. 'Fydd siwt Amos ddim yn eich ffitio chi'n berffaith, Mr Arnold, ond mae'r defnydd yn rhyfeddol o drwchus. Jest y peth ar gyfer prynhawn bach siarp . . . '

'Gwrach Geltaidd!' bloeddiodd Matthew.

'Pwy? *Fi?* O diolch!' meddai Rachel yn hapus.

'Dewines beryglus!'

'Ond dim hanner mor beryglus ag ambell fardd Saesneg yn crwydro marchnadoedd Cymru. Gorau gyd po gyntaf yr ewch chi—*a'ch* llaw dde—yn ôl i Lundain. Arf arswydus, eich llaw dde—cadwch hi i ferched Lloegr. Gwell gennym ni ferched Cymru arfau mwy gonest ac agored. A, dyma Amos wedi dychwelyd!' Yr oedd ei gŵr yn dwyn sach fudr. 'Dyna hi, Amos. Lluchia'r sach i fyny at Mr Arnold. Yna fe ffarweliwn ni ag e, a rhoi llonydd iddo ymhyfrydu yn ei siwt newydd.'

Hyrddiodd Amos y sach i fyny. 'Hoffwn i gael fy nwylo ar y diawl!' chwyrnodd.

'Na . . . Rhaid inni ddanfon y gŵr bonheddig yn ôl yn gyfan, ond â gwynt y pridd arno, dy wynt *di*, Amos. Dylai'r arogl hynny oresgyn yr *eau-de-cologne* yn 'i wallt. O, gwell i ti roi'r ysgol i fyny yn erbyn y llofft . . . '

Hanner awr yn ddiweddarach, camodd ffugur trawiadol allan o glwyd fferm Bryn-y-groes: dyn tal, unionsyth, gosgeiddig ei gerddediad, ffroenuchel ei wynepryd, a'r monocl yn ei lygad yn dal fflachiadau'r haul yn machlud y tu draw i Abergarth . . .

Gwingai enaid Matthew y tu mewn i ddillad Amos. Yr oedd llewys y siaced yn llawer rhy fyr, a gwaelodion y trowsus yn gorffen ryw droedfedd uwchben ei esgidiau. Brithwyd y siwt gan batshys, a'r het bwgan-brain yn coroni'r cyfan. Ac o bob rhan o'r *ensemble* deuai tarth drewllyd, aroglau hen a phydredig, yn gymysgedd o chwys a charthffosaeth dynol ac anifeilaidd, a'i effaith mor bwerus nes peri i Matthew amau a fyddai'n medru cwblhau'r daith a chyrraedd y gwesty cyn taflu i fyny holl gynnwys ei stumog.

Ar y ffordd, cyfarfu â dau lanc yn cyd-gerdded, gweision fferm dybiai Matthew, a'r rheini'n rhythu'n benagored arno ac yna, wedi mynd heibio iddo, yn chwerthin yn ddilornus. Crensiodd Matthew ei ddannedd, a mynd yn ei flaen.

PENNOD 9

'MAE e gartre', meddai Emma, gan sylwi ar y golau yn ffenest tŷ'r ysgol.

'Fe gaiff sioc i'n gweld ni, Emma,' meddai Rachel. Ers rhai dyddiau bellach, galwent ei gilydd wrth eu henwau cyntaf. 'Dwy ddynes hardd wrth ei ddrws ar noson wyllt o aeaf.'

Brwydrent yn erbyn y gwynt. Ymhyfrydai Emma yn y tywydd garw, a theimlo bod yr elfennau yn gweddu i'r cynllun oedd ar droed. Ymhyfrydai hefyd yng nghwmni ei chydymaith. Yn y cynllunio, cyflawnodd Rachel bob disgwyl, a phrofi ei hun yn doreithiog mewn syniadau ac awgrymiadau, rhai ohonynt yn arswydus o ddigywilydd.

Cyraeddasant y drws, a'i guro yn gadarn, a llais gwichlyd Preece i'w glywed o'r tu mewn. 'Pwy sy' 'na?'

'Emma Vaughan a Rachel Parry!'

Clywyd bollt mawr yn cael ei dynnu'n ôl. Agorwyd y drws. Treiglai golau o'r parlwr i mewn i'r pasej. 'Dewch i mewn ar unwaith o'r gwynt!' Arweiniodd Preece y ffordd i'r parlwr, a'u gwahodd i eistedd yn y cadeiriau o boptu'r tân, ac yntau wedyn yn sefyll o flaen y tân, ei gefn tuag at y fflamau, a'i ben yn troi oddi wrth y naill ddynes i'r llall. 'Fy ffiol sydd lawn.' meddai. 'Un funud wrthyf fy hun, yn drist ac yn unig, a'r funud nesa' yn mwynhau cwmpeini dwy o'r boneddigese prydfertha' yn y wlad! Rwy'n ceisio dyfalu *pam* y daethoch chi; ond beth bynnag yw'r rheswm, mae'n bleser o'r mwya' imi'ch cael chi ar yr aelwyd 'ma.' Clymodd ei ddwylo y

tu ôl i'w gefn, a chodi a gostwng ei sodlau sawl gwaith a
gwên gyfoglyd ar ei wyneb...Y cymeriad mwyaf
chwerthinllyd o wirion, dybiai Emma, iddi ei weld ers
tro byd.

'Dwedwch wrtho' i, Mr Preece,' meddai Emma. 'Ydi
Mr Arnold wedi galw yn yr ysgol eto?'

'Na. Yfory yw'r dydd mawr.'

'Ardderchog!' Troes Emma at Rachel. 'Rŷn ni wedi
amseru pethau'n berffaith, Rachel!'

'I'r dim,' meddai honno. 'Rwy'n gweld llaw Rhaglun-
iaeth yn y trefniade. Mae ganddo *Fe* dipyn o ddigrifwch
yn Ei gyfansoddiad a'i natur, a thipyn bach o ddrygioni
hefyd, ddwedwn i.'

'Rhagluniaeth? Digrifwch? Drygioni?' holai Preece yn
ei ddryswch.

'Hoffen ni'ch gweld chi ar eich gore pan ddaw Mr
Arnold,' meddai Emma, 'yn gwisgo'ch anrhydedde i
gyd, a'ch dewrder yn amlwg i bawb.'

'Maddeuwch imi, ond dydw i ddim yn eich deall chi,
Miss Vaughan.'

'Ydych chi'n gwybod beth yw nodwedd amlycaf arwyr
milwrol y genedl, Mr Preece?' meddai Emma.

Siglodd ei ben.

'Maen nhw'n arwain o'r *ffrynt;* bob amser yn barod i
ddioddef yr un peryglon y bydd eu dilynwyr, y milwyr cyff-
redin, yn gorfod eu hwynebu. Ac mae gennych chi, Mr
Preece, y nodwedd arwrol yna yn eich cymeriad. Rych
chi'n arweinydd naturiol, yn gadfridog greddfol. Dyna
farn Mrs Parry a minnau.'

'Ac rŷn ni yma heno i brofi'r peth tu hwnt i bob
amheuaeth, Mr Preece,' meddai Rachel. Rhedai ei
llygaid dros yr ysgolfeistr. 'Erbyn bore fory, fe fydd
stamp yr arwr i'w weld yn blaen arnoch chi. Fe wnawn
yn siwr o hynny.'

'Gwasanaeth y byddwn yn hapus i'w gynnig ichi,'
meddai Emma.

'Gwasaneth i ddod â'ch rhinwedde i'r amlwg,' meddai Rachel, 'a pheri i Mr Arnold eich canmol chi i'r cymyle.'

Gwenai Preece yn ansicr. 'Mae'n hyfryd clywed y geiriau melys yna amdana' i . . . Yr holl siarad am rinweddau arwr . . . Hyfryd o beryglus! Fe allai'r weniaith fynd i'm pen a'i chwyddo! Ond na! Byddwch dawel eich meddwl, foneddigese! Does dim rhithyn o falchder yn fy nghymeriad i. Ond beth yn union yw'ch cynllun i amlygu fy rhinweddau—a chithe'n mynnu dweud bod *gen* i rinweddau!'

'Dwedwch wrtho i, Mr Preece,' meddai Emma. 'Oedd pawb yn bresennol yn yr ysgol heddi?'

'Pawb yn bresennol?' adleisiai Preece.

'Siwr o fod,' meddai Rachel. 'Dim ond pla o golera a gadwai'r plant draw o gwmni Mr Preece. Maen nhw'n dwlu cymaint arno.'

'Doedd *neb* yn absennol?' daliai Emma ati.

'A dweud y gwir,' meddai Preece, *'roedd* 'na un yn absennol.'

'O? Pwy?'

'Neb o bwys. Fydde gennych chi ddim diddordeb ynddo; bachgen di-nod o gefndir gwael.'

'Dim llawer o sgolor felly?'

Chwarddodd Preece yn wawdlyd.

'Dyna beth od,' meddai Emma. 'Roeddwn i ar ddeall fod Daniel Lewis yn grwt bach da, a digon yn 'i ben e.'

Rhythai Preece ar Emma, a'i wên wedi diflannu'n llwyr.

'Bachgen deallus *iawn*,' meddai Rachel. 'Bob tro imi roi tasg iddo ar y fferm, a thasge digon cymhleth weithiau, mae e wedi profi 'i hun yn ddysgwr cyflym a gweithiwr bach cydwybodol dros ben.'

'Ac yn fachgen cwrtais,' ychwanegodd Emma. 'Yn wir, ei gwrteisi oedd y peth cynta' imi sylwi pan welais e ddiwrnod neu ddau yn ôl.'

'Rych chi wedi ei weld?' sibrydai Preece, a'i lais wedi gwanhau'n sydyn.

'Fedrwn i ddim peidio mynd i'w weld, ar ôl clywed am ei ddioddefaint.'

'Pŵr dab!' meddai Rachel.

'Wrth gwrs,' meddai Emma, 'fedrech chi ddim osgoi eich dyletswydd, Mr Preece. Roedd yn *rhaid* ichi ei gosbi. Ond 'na galed roedd hi arnoch chi, siwr o fod! Chithe'n ddyn mor dyner a charedig a Christnogol, ac yn gorfod cymryd arnoch eich bod yn ddig tu hwnt a chuddio eich tynerwch, a gwisgo gwg ar eich wyneb—yn hollol groes i'ch natur—a chydio yn y gansen, a'ch calon yn gwaedu bob tro y byddai'r pren yn rhwygo cnawd y crwt bach . . . Diar mi! Anodd mesur eich dioddefaint *chi*, Mr Preece! Ond fydd y dioddefaint ysbrydol yna ddim yn ddigon ichi. Fel gwir arwr, gwir arweinydd, mi fyddwch chi am brofi dioddefaint *corfforol* Daniel Lewis.'

O'r diwedd, meddyliai Emma, roedd Preece ar fin amgyffred y sefyllfa . . . Ddim yn gyfan gwbl, wrth gwrs; amhosib i'w ddychymyg ymestyn i'r eithafion yr oedd Rachel a hithau wedi eu trefnu ar ei gyfer.

'Pa wialen ddefnyddioch chi ar Daniel?' aeth Emma yn ei blaen. Cerddodd draw i'r cwpwrdd a'i gasgliad dieflig. Roedd hi ar fin gafael yn un o'r ffyn pan sylwodd ar gyfrol drwchus a orweddai ar ben y cwpwrdd, cyfrol wedi ei rhwymo mewn lledr coch moethus. Gafaelodd yn y gyfrol, ac yna bodio'n ysgafn trwy'r tudalennau, a sylwi mai rhyw fath o ddyddiadur oedd e, a'r llawysgrifen yn hynod o goeth. Ar y tudalen-deitl ymddangosai'r geiriau:

'Gorchwylion, Gweithrediadau ac Athroniaeth Septimus Preece, Ysw., Ysgolfeistr, y cwbl wedi eu cofnodi gan ef ei Hun, er Lles a Difyrrwch yr Eneidiau Detholedig a Berthyn i'r un Categori prin ag Ef.'

Adroddodd Emma y geiriau yn uchel. Yna,—'Wel, wel!' meddai. 'Rwy wedi dod o hyd i drysor llenyddol!'

'Miss Vaughan! Rhowch o i mi!' gwaeddai'r awdur. Safai yn awr wrth ei hymyl, gan estyn ei law i dderbyn y gyfrol.

Daliodd Emma ei gafael yn y trysor. 'Nawr, nawr, Mr Preece! Rwy'n gwerthfawrogi eich gwyleidd-dra, ond mae'n rhaid imi ddarllen eich *magnum opus*. Hyfrydwch hollol annisgwyl!' Camodd yn ôl at ei chadair, ac eisteddodd, a rhedeg ei dwylo yn gariadus ar draws y gyfrol.

Safai Preece o'i blaen, a'i anniddigrwydd yn boenus o amlwg. 'Mae'n rhaid imi brotestio, Miss Vaughan! Cyfrol breifat a phersonol—'

'Ond efalle mod *i'n* perthyn i'r categori prin rych chi'n sôn amdano,—a Mrs Parry hefyd. Fedrech chi ddim fod wedi dewis dau enaid mwy deallus. Nawr eisteddwch i lawr, er mwyn popeth, Mr Preece! Dylai awdur wrando'n hapus pan adroddir ei ryddiaith anfarwol.'

'*Adroddir?* Dych chi ddim yn mynd i *adrodd* y cynnwys?' holai Preece yn wyllt.

'Wrth gwrs! Ond fe geisia' i wneud cyfiawnder â'ch campwaith.'

'Miss Vaughan! *Fedra'i* ddim caniatáu i'r ffars yma barhau am eiliad arall!' bloeddiai Preece. 'Rhowch y llyfr imi, *ar unwaith*, os gwelwch yn dda!' A gyda'r gair 'unwaith,' stampiodd yr ysgolfeistr ei droed yn siarp ar y llawr.

Syllai Emma arno yn ddigyffro. 'Mr Preece!' meddai yn dawel. 'Eisteddwch i lawr, neu mi fydd yn rhaid i Mrs Parry a minnau ddechre gweithredu ein cynllun arbennig.'

'Cynllun arbennig?'

'Datod ein dillad a'u gwneud yn ddramatig o aflêr, gwneud llanast o'n gwallt, ac yna rhuthro allan o ddrws y ffrynt a gweiddi a sgrechian fod yr ysgolfeistr wedi ymosod arnon ni yn rhywiol, wedi neidio arnon ni, a'n gwthio ni i'r llawr, a rhedeg ei ddwylo yn wyllt drwy ein dillad ac ar draws bob modfedd ohonon ni, a'i nerth anifeilaidd yn ei alluogi i wneud hynny i'r ddwy ohonon ni ar yr un pryd. A ninnau, drwy ras Duw, wedi llwyddo ar y funud ola' i ddianc o'i grafangau cyn iddo gyflawni'r weithred eitha' a'n llygru ni am byth! Fe fydd y ddwy ohonon ni yn gwbl gytûn ar y manylion, y naill yn ategu stori'r llall, a'ch cymeriad chi wedi'i chwalu, a'ch enw da chi yn *rhacs*.'

'Rŷn ni wedi paratoi yn ofalus, a manylion yr ymosodiad yn gwbl glir yn ein cof,' meddai Rachel. 'A 'na chi fanylion! Dim ond rhyw fraslun mae Miss Vaughan wedi'i roi ichi. Arhoswch inni gael cyfle i adrodd y stori mewn llys—yr *Uchel* Lys, efalle. Bydd y lle yn orlawn, a phawb yn hongian ar ein geirie ac yn ceisio dyfalu ble dysgoch chi'r fath bechode anhygoel.'

Ymlusgodd Preece ei ffordd i'w gadair.

'Mewn gair, Mr Preece,' meddai Emma, 'mae'ch sefyllfa chi yn gwbl ddiobaith.'

Tynnodd Preece ei hances o'i boced a sychu ei dalcen. 'Beth wnes i i haeddu hyn?'

'Efalle y cawn ni'r ateb yn y gyfrol yma,' meddai Emma. 'Nawr dewch inni weld . . . ' Agorodd y clawr, a throi'r tudalennau yn araf, gan oedi o bryd i'w gilydd i syllu yn fanylach ar y cynnwys. Dyma gyfoeth yn wir! Pa le bynnag y disgynnai ei llygad, yno fe welai doreth o fryntni llenyddol, cynnyrch ymennydd llygredig a sadistaidd.

'Brysia, Emma!' meddai Rachel. 'Rwy' bron â marw eisiau dy glywed yn darllen! Mae dy *wyneb* yn dweud bod y llyfr yn llawn o bethe da!'

'Ble dechreua' i, Mr Preece?' meddai Emma. 'Oes 'na baragraff fedrwch chi 'i argymell yn arbennig? Diwrnod sy'n sefyll allan yn eich cof chi?—diwrnod wedi'i drosglwyddo a'i gyflwyno'n gyfan gwbl i bechod, a'ch enaid yn pefrio mewn hapusrwydd?'

'Duw, Duw! Ydi'r gyfrol gynddrwg â hynny?' holai Rachel. 'Er mwyn popeth, Emma, dechreua ddarllen!'

'A! Dyma'r cofnod diweddara',—hanes *heddi*,' meddai Emma. 'Nefoedd Fawr, ma' hwn *yn* addawol! Gwranda, Rachel!' Cliriodd Emma ei gwddf ac yna darllen yn uchel:

'Dydd i'w gofio! Cyfres arall o fuddugoliaethau! Mae'r plant gwledig yma yn dargedau perffaith i lach fy nhafod! Ond pan ddaw Mr Arnold, fe wêl ef yr ysgolfeistr melysaf a thyneraf yng Nghymru, a'r plant, yn eu hofn, yn cymryd arnynt eu bod yn gwbl fodlon ar eu byd, yn ufudd, yn hapus, yn awyddus i ddysgu, yn hoff o'r ysgol, yn ffoli ar eu hysgolfeistr . . . A llygaid Mr Arnold yn dyfrhau o weld y fath baradwys!

Ond ddaw e byth i wybod am y gyfathrach gyfrinachol rhyngof fi a Dafydd Williams! Fe wêl yr Arolygwr y sglein a roddais i'r disgybl-athro, a chanmol y wyrth a gyflawnais, y wyrth o drawsffurfio Williams o fod yn greadur garw a gwledig i fod yn llanc gwybodus ac aeddfed a hunan-feddiannol. Ond am y chwaraeon tywyll rhwng y bachgen a minnau, am ein Hefrydiau Allanol, fel petai, ni chaiff Mr Arnold yr awgrym lleiaf!

Er enghraifft, brynhawn heddiw, a'r plant wedi mynd adref, a Williams a minnau unwaith eto wrth ein hunain,—brynhawn heddiw, diwrnod yn unig cyn ymweliad Mr Arnold, cofiwch!—cefais fy sbarduno gan ddiawlineb mewnol i roi rhyddid di-ben-draw i'm dwylo trachwantus. A'r nos yn cyflym ddisgyn, a'r tywyllwch yn dwysáu, safai Williams wrth droed y galeri, yn annerch y rhengoedd dychmygol, a minnau y tu ôl iddo ac yn pryfocio fy hun drwy ymatal fy nwylo am eiliad neu ddwy.

'Williams!' sibrydais yn ei glust. Stopiodd yng nghanol

ei frawddeg. 'Williams!' meddais drachefn, a'm llais yn grynedig hyd yn oed o fewn cwmpawd un gair.

'Ie syr?' atebodd y crwt heb droi'n ôl ataf.

'Pan fydd Mr Arnold yn dy weld di wrth dy waith yfory, fe gaiff ei blesio'n ddirfawr. Rwyf wedi dy hyfforddi di i stad o berffeithrwydd. Rwyt ti'n rheoli'r dosbarth yn gadarn, yn holi'r plant yn drefnus a thrwyadl, yn adrodd dy storïau yn glir ac yn feistrolgar. Mae dy wybodeth di o'r testunau-gosod yn gyflawn, a'th waith ysgrifenedig yn ddestlus. Rwyf wedi gwneud sgolor ohonot ti, Williams; rwyt ti'n enseiclopidia bach symudol! Ond wyddost ti beth wnaiff yr argraff ddyfnaf ar Mr Arnold?'

'Na, syr.'

'Dy ymddangosiad, Williams! Dy ymarweddiad! Dy ffordd o ddal dy hun! Ongl dy ben! Dy gerddediad! Symudiade dy freichie a'th goese! Dan fy nwylo, Williams—a dyma'r amser i ddweud wrthyt, fel y gelli di wynebu'r arholiad yfory gyda phob hyder—dan fy nwylo, rwyt ti wedi datblygu i fod yn ddisgybl-athro delfrydol, yn batrwm, yn baragon! Ymennydd llawn, corff llyfn a pherffaith!' Wrth ynganu'r geiriau yna, gosodais fy nwylo ar ei gluniau. 'Fe ddylet ti fod yn ddiolchgar imi, Williams. Mae pyrth y proffesiwn yn awr yn agored led y pen iti. Rwyt ti *yn* ddiolchgar, on'd wyt ti?'

'Ydw, syr.'

'Ardderchog! Felly fe fyddi di'n siwr o gadw'r hyn a ddigwydd rhyngom ni yn awr yn gyfrinachol. Fe wna les mawr iti. Ond dim gair i neb arall, Williams! Mae'r byd yn rhy dwp i ddeall a gwerthfawrogi'n gweithredoedd. Pleser i'r etholedig yn unig yw hwn . . .'

Rhyddheais ei wregys, a'i drowsus yn syrthio i'w benliniau. Syndod oedd darganfod nad oedd ganddo ddillad-isaf; pobol arw iawn yw'r pentrefwyr yma. Ond dyna fe, roedd pethau dipyn yn haws imi o'r herwydd!

Es ati o ddifri, a'r tywyllwch o'n hamgylch yn drwchus, ond fy nghorff yn crynu a'm henaid yn pefrio â'r golau mewnol! Phrofais i erioed y fath orfoledd! Ddarllenydd Annwyl, cymerwch fy ngair! Dim ond rhwng ysgolfeistr ysbrydoledig a disgybl-athro wedi ei diwnio i berffeithrwydd y ceir y llawenydd llosg, y cyffro ysgubol, yr ysgytwad fendigedig a brofais yn y munudau hynny!'"

Oedodd Emma, ac edrych ar Preece, a eisteddai mewn twymyn o aflonyddwch, a'i wyneb ar waith, a'i lygaid yn crwydro'n wyllt o amgylch yr ystafell.

'Glywsoch chi'r fath beth erioed?' meddai Rachel. 'Y fath ffieidd-dra! Rhag cywilydd ichi, Mr Preece!'

'Rhaid i Mr Arnold gael gwybod am hyn, wrth gwrs,' meddai Emma.

'Na, na!' gwichiai Preece. 'Dyna 'niwedd i!'

'Wrth gwrs! A gorau po gyntaf,' meddai Emma. 'Tybed faint o fechgyn rych chi wedi eu llygru, Preece?' ychwanegodd, gan ddileu y 'Mistar' o'i enw.

'Dim un! Roedden nhw i gyd yn ymuno o'u gwirfodd.'

'Nonsens!' ffrwydrodd Emma. 'Ymuno yn eu hofn roedden nhw; ofn eich awdurdod, ofn y buasech chi'n chwalu'u dyfodol pe na byddent yn ufuddhau i'ch gorchmynion brwnt a bodloni eich chwantau anifeilaidd. Rych chi'n anghenfil, Preece! Os oedd gen i unrhyw amheuon ynghylch rhoi cweir corfforol ichi, maen nhw wedi hen ddiflannu.'

'Cweir corfforol?' atseiniai Preece.

'Yn union! Curfa! Crasfa!'

'Dych chi ddim o ddifri, does bosib!' sibrydai Preece, a'i lygaid yn bygwth syrthio allan a rowlio i lawr ei fochau.

Cododd Emma a mynd i'r cwpwrdd sinistr. 'Pa wialen ddefnyddioch chi ar Daniel? Rwy'n siwr yr hoffech chi brofi'r union wialen a gafodd *e* ar 'i gefn, druan. Pa un?' Roedd llais Emma yn gwbl ddidrugaredd.

'Rhif Saith,' sibrydai Preece.

'A!' meddai Emma, gan dynnu'r wialen ddetholedig allan. 'Wrth gwrs! Dyma'r un y cefais olwg fanwl arni yn yr ystafell yma bethyfnos yn ôl!' Rhedodd ei bysedd ar hyd y wialen. 'Arf cywrain o greulon . . . Perffaith at y pwrpas.' Troes at yr ysgolfeistr. 'Ar eich traed, Preece!'

'Fedra' i ddim credu eich bod chi o ddifri,' meddai Preece, a'i lais yn gwrth-ddweud ei eiriau.

'Ar eich traed!' gorchmynnodd Emma drachefn, a chwifio'r wialen o flaen wyneb Preece.

Cododd hwnnw yn araf.

'Symudwch y lamp olew yna oddi ar y ford, Preece.'

Disgleiriai'r chwys ar dalcen yr ysgolfeistr. 'Dych chi ddim am imi orwedd ar y ford?'

'Ar eich hyd ar y ford!' meddai Rachel. 'A'ch hwyneb at y llawr, wrth gwrs!' Troes at Emma. 'Ond dydi e ddim *cweit* yn barod i'w osod ar y ford, Emma. Fe gytunon ni ar y mater o'i drowsus, os rwy'n cofio. . . '

Nodiodd Emma. 'Niwsans o beth, trowsus; yn rhwystr i waith da'r wialen.'

'Bant â nhw!' gwenai Rachel. 'Brysiwch ddyn! Bant â nhw!'

'Rych chi'n wallgof!' gwaeddai Preece.

'Nawr, nawr, Preece!' meddai Rachel, a symud ymlaen, a Preece yn encilio o'i blaen hi nes i'w gefn gyffwrdd â'r ford. 'Does dim ishe unrhyw ffug-swildod ar eich rhan! Bant â nhw ar unwaith!'

Anadlai Preece yn swnllyd.

'Does 'na ddim dihangfa,' meddai Emma. 'Wrth gwrs, *mae* 'na ddewis gennych chi,—mynd ar y ford 'na, *neu* mynd i'r llys a chael eich cyhuddo'n gyhoeddus o ymosod ar ddwy foneddiges barchus . . . Ond dyw hynny ddim yn ddewis gwirioneddol, ddwedwn i. Ar y ford amdani, felly! Bant â'ch trowsus, a lan â chi!'

Yn araf, araf, crwydrai dwylo Preece ar draws ei fol a dechrau datod top ei drowsus.

"Na fachgen da!' meddai Rachel.

Edrychai Emma ar Rachel. Syniad Rachel oedd cael gwared o'r trowsus. A hithau'n fenyw briod, gallai Rachel edrych ar noethni gwrywaidd heb wingo, debyg iawn; felly y tybiai Emma. Ond doedd gan Emma fawr o awydd gweld Preece yn ei ogoniant.

'I arbed amser,' meddai Emma, 'fe symuda' *i'r* lamp. Cymer di y wialen, Rachel.' Cydiodd Emma yn y lamp, a'i chodi, a'i chario'n araf a gofalus at y seld-fwrdd. Clywai sŵn Preece y tu ôl iddi yn diosg ei drowsus.

'Bant â'ch drafers hefyd, Preece, os gwelwch chi'n dda!' meddai Rachel. 'Dyna fe! Nawr lan â chi! Reit ar draws y ford!'

A'i chefn at y gweithgareddau hanesyddol, clywai Emma sŵn Preece yn rhochian, a'r ford yn protestio, ac yna distawrwydd, ac yn olaf, chwerthiniad bach tawel gan Rachel.

'Trueni na fase'r plant yn eich gweld chi nawr, Preece!' meddai Rachel. 'Edrych ar hwn, Emma! Mae'n fy atgoffa i o ben-ôl mochyn mewn siop gigydd!'

Troes Emma, a gweld cywirdeb y gymhariaeth. Gorweddai Preece ar ei hyd ar y ford, a'i ben-ôl a'i goesau yn creu darlun dramatig. Roedd wedi diosg ei sgidiau hefyd, ond yn dal i wisgo ei sanau, a'r rheini o liw melyn llachar a ychwanegai gyffyrddiad o firi i'r achlysur.

'Ga' *i* roi'r ergyd gynta', Emma?' gofynnai Rachel, gan blygu ac ystwytho'r wialen. 'Dydw i erioed wedi gwneud hyn o'r blaen! Ac mae cael ysgolfeistr fel aberth yn fonws hyfryd! Edrych ar y gwalch, Emma! Ydych chi'n barod, Preece? Peidiwch â bod mor anesmwyth, ddyn! Rwyf am anelu'n gywir . . .' Gan ddefnyddio ei dwy law i gydio yn y wialen, a gwenu ar yr un pryd, rhoes Rachel ei hergyd gyntaf i'r ysgolfeistr, ergyd nerthol, ergyd a dystiai i rym a chadernid holl wragedd fferm Cymru.

Gollyngwyd sgrech o wefusau Preece, a phen-ôl yr ysgolfeistr yn plwcio i fyny a chreu triongl cnawdol a chrynedig.

Dawnsiai llygaid Rachel. 'Unionwch eich hun, Preece! Ble mae'ch maners chi? Mae'n anghwrtais iawn i bwyntio'ch pen-ôl aton ni fel yna ... Dewch nawr! Setlwch lawr! Dyna welliant ... Fe gewch ddwy ergyd arall gen i, ac yna fe rof y wialen i Miss Vaughan. Ydych chi'n barod? Byddwch lonydd, ddyn! Dyna fe ... '

Roedd yr ail ergyd yn ffyrnicach na'r un gyntaf, a'r ymdrech yn tynnu gwallt Rachel ar draws ei thalcen. Bloeddiai Preece yn ddigywilydd. Edrychai Emma mewn edmygedd ar ei ffrind.

'Nawr, nawr, Preece!' meddai Rachel. 'Fedrwn ni ddim caniatáu ichi weiddi fel yna! Mae'n tynnu oddi wrth urddas y seremoni.' Lluchiodd y gwallt oddi ar ei thalcen, a phlygu i lawr a siarad wyneb-yn-wyneb a'r ysgolfeistr. 'Mae'ch wyneb chi braidd yn goch, Preece,— yr un lliw a'ch pen-ôl. Ma' hwnnw'n datblygu'n bert iawn hefyd. Da o beth yw gweld y ddau ben yn gweddu i'w gilydd. Nawr rwy' am ichi *addo* derbyn y drydedd ergyd yn gwbl dawel, neu mi garia' i ymlaen hyd nes i gryfder fy mreichiau ballu; ac mae 'na o leia' ddwsin o ergydion ar ôl yn y breichie 'ma o hyd. Dim sŵn o gwbl felly, o'r gore?'

Nodiodd yr ysgolfeistr,—gweithred anodd, â'i ben yn hongian yn y gofod.

Unionodd Rachel ei hun, ac edrych ar Emma. 'Sut ydwy'n siapo?'

'Ardderchog! Fe gei *di* gwblhau'r gosb.'

'Wyt ti'n siwr? Dydw i ddim am dy amddifadu di o'r pleser.'

'Dim o gwbl! Rwyt ti'n feistres ar y gwaith! Yn arllwys dy holl enaid i mewn iddo! Ymlaen â thi felly , , , '

'Rwy' *yn* teimlo'n ddifrifol hapus wrth y dasg; ac o feddwl am y peth, mae 'na hanner dwsin o ddynion yr hoffwn i roi'r un driniaeth iddynt. Ond yn ôl at y gwaith mewn llaw! Ydych chi'n barod, Preece?'

Tynnai Preece gyhyrau ei ben-ôl at ei gilydd wrth ddisgwyl am yr ergyd; sylwodd Emma ar y symudiad, a chyfeirio ei golygon ar unwaith at bethau eraill yn yr ystafell, pethau mwy iachusol. Clywodd y wialen yn chwibanu'n ffyrnig, a'r gwrthdaro rhwng y pren a'r cnawd, a rhyw hanner-cyfarth yn dianc o geg Preece.

'Twt, twt, Preece!' meddai Rachel. 'A chithe wedi addo cadw'n dawel! Ond mi fydda' i'n drugarog. Un ergyd arall yn unig . . . Un ergyd i gyflawni'r cynllun. Byddai mwy nag un yn difetha'r patrwm. Setlwch lawr felly am y bedwaredd a'r ola'.'

Paratodd Emma ei hun i glywed disgyniad y wialen; a phan gyrhaeddodd honno ei nod, roedd sgrech Preece mor uchel a threiddgar nes peri i ias oeraidd wibio trwy gnawd Emma.

'Edrych ar hwn, Emma!' meddai Rachel, a'i llais yn llawn cyffro. 'Perffaith! Yn union yn ôl ein cynllun!'

Roedd Rachel wedi cyflawni ei thasg yn fanwl-gywir. Ymddangosai pedwar clais mawr ar draws penôl yr ysgolfeistr: cleisiau dwfn, cleisiau hir, cleisiau lliwgar, a'r pedwar yn ffurfio'r llythyren W.

'Campwaith!' meddai Emma. 'Llongyfarchion!' Troes at Preece. 'Byddwch ddistaw, ddyn! Amser ichi wisgo. Mae'ch dillad chi dan y ford. Ewch yno i guddio'ch pechode. Mae'r lliain-bwrdd yn ddigon hir i fod yn llenni.' Aeth draw at y seld-fwrdd a'r lamp-olew; erbyn iddi ddychwelyd â'r lamp, roedd Preece o dan y ford.

Edrychai Rachel ar symudiadau'r lliain-bwrdd a murmur, 'Nosweth fendigedig! Rwy' wedi mwynhau bob munud.'

'Rwyt ti'n datblygu arferion gwaedlyd, Rachel!' meddai Emma. 'Mae amser caled o flaen Mr Parry!' Dychwelodd i'w chadair, a gafael yn y gyfrol unigryw a orweddai yno, ac eistedd â'r gyfrol ar ei harffed.

Dychwelodd Rachel hithau i'w chadair, a'r wialen ar ei harffed *hi*. Edrychent ar ei gilydd, a gwenu, a thaflu ambell edrychiad at y ford.

'Nos yfory,' meddai Emma yn uchel, 'fe af i ymweld â Mr Arnold yn ei westy, a chyfrol Preece o dan fy nghesail.'

'Na!' Ffrwydrodd Preece o'i loches, a'i wisg yn gyflawn unwaith eto. 'Rwy'n ymbil arnoch chi!' Safai o flaen Emma, a'i gorff yn brysur-anniddig, ei wallt yn flêr, a'i groen yn chwys diferu.

'Dych chi ddim am rannu eich meddylie â Mr Arnold?' meddai Emma, a churo clawr y gyfrol â'i bysedd. 'A minnau'n meddwl mai ef oedd eich arwr! Gan 'i fod e'n llenor, mae'n siwr y byddai'n gwerthfawrogi'ch rhydd-iaith chi. Rych chi *yn* gallu trafod geiriau—fel sawl pechadur arall.'

'Rwy'n ymbil arnoch chi beidio â dangos y gyfrol iddo!' Clymai Preece ei ddwylo, ac yna eu datod, a'u clymu drachefn.

'Cofiwch, er cymaint y byddai Mr Arnold yn hoffi'ch dyddiadur chi,' meddai Emma, 'rwy'n siwr y byddai'ch pen-ôl chi yr un mor ddiddorol iddo.'

Rhythai Preece yn wyllt arni.

'Rwy' wedi gadael llythyren ar eich pen-ôl chi, Preece,' meddai Rachel.

'A chithe wedi treulio blynyddoedd yn hongian y Welsh Not wrth yddfau'ch disgyblion, a'u hannog nhw i fradychu'u cenedl, fe benderfynon ni roi cyfle ichi unioni'r cam,' meddai Emma. 'Os digwydd i rywun holi beth yw ystyr yr W ar eich pen-ôl—ac mae'n siwr eich bod chi'n dangos y rhan yna o'ch corff yn rheolaidd i'ch ffrindie detholedig—wel, gellwch ateb, a'ch llais yn byrlymu â balchder, mai ystyr yr W yw *Welsh*. Ac wrth iddynt redeg ei bysedd ar draws y llythyren, efalle y byddan *nhw* yn teimlo ias o wladgarwch ac yn mynnu cael yr union lythyren ar eu penolau.'

'Ac os felly,' meddai Rachel, 'danfonwch nhw i fferm Bryn-y-Groes.'

'Nawr, ynglŷn â mater y gyfrol yma,' meddai Emma. 'Rwy'n fodlon ymatal rhag ei dangos i Mr Arnold—ar un amod.'

Goleuwyd wyneb yr ysgolfeistr.

'Ymddiswyddwch!' meddai Emma. 'Ar unwaith! Rhowch unrhyw stori a fynnoch i'r awdurdode, ond rwy' am ichi adael Abergarth cyn diwedd y mis'

Dychmygai Emma iddi weld enaid yr ysgolfeistr yn torri'n ddarnau ac yn syrthio'n swp o amgylch ei draed. 'Peidiwch â bod mor galed arna' i, Miss Vaughan,' ymbiliai Preece mewn llais cryglyd, a'i ddwylo ynghyd mewn ystum o weddïo. I wneud pethau'n waeth, syrthiodd ar ei benliniau o'i blaen hi.

'Codwch ar eich traed, ddyn!' meddai Emma.

'On'd ŷn ni'n cael darlun cyflawn ohono fe heno, Emma!' meddai Rachel. 'Yn gynta' fe welson ni e' yn sefyll ar 'i draed, yna yn eistedd, wedyn yn gorwedd ar 'i fol, ac yn awr yn gweddïo ar 'i benlinie. Dwedwch wrtho' i Preece, ydych chi'n gallu sefyll ar eich pen?'

'Fe wnaiff hwn *rywbeth* i gadw'i swydd,' meddai Emma. 'Codwch, ddyn!'

Ond parhau ar ei benliniau a wnâi Preece, fel pe bai wedi ei barlysu yn yr ystum gor-grefyddol, â'i ddwylo yn dal ynghlwm wrth ei gilydd, a'i lygaid yn ddwy weddi angerddol. 'Miss Vaughan!' sibrydai. 'Cymerwch drugaredd arna' i!'

'Fe gewch chi yr un faint o drugaredd gen i ag y rhoesoch chi i Daniel Lewis,' meddai Emma. 'Dim *owns*! Dere, Rachel!' Cododd Emma, a pharatoi i fynd heibio i'r gweddïwr.

Yn sydyn, dyma Preece yn taflu ei freichiau o amgylch penliniau Emma, ac wrth eu cofleidio, yn chwilio am iachawdwriaeth yn yr iaith Saesneg. *'Please*, Miss Vaughan, have pity!' ymbiliai, a'i ben a'i geg ym mhlygiadau gwisg Emma, a'i lais yn teithio i fyny'n drafferthus o'r dyfnderoedd. 'I have sinned greatly! I confess it! And I repent! Give me a chance to reform! Let me stay as schoolmaster! *Please*, Miss Vaughan!'

'Arglwydd Mawr!' gwaeddai Emma, a cheisio dianc rhag crafangau Preece. Gwibiai gwefr iasoer drwyddi wrth deimlo bysedd yr ysgolfeistr ar ei choesau. 'Gadewch fi'n rhydd! Ar unwaith!'

Ond glynu'n dynnach â wnâi Preece, a'i lais yn wylofain, 'One more chance, Miss Vaughan! I beg you! Give me one more chance!', ac Emma yn paratoi i roi bonclust nerthol iddo.

Torrwyd ar yr ymbil cwynfanus gan sŵn gwialen yn chwibanu drwy'r awyr.'Preece!' Yn sydyn, safai Rachel yn ymyl yr ysgolfeistr, a dal y gansen yn fygythiol.

Ar amrantiad, rhyddhawyd penliniau Emma, a Preece yn rhythu i fyny at Rachel.

'Anweswch fy mhenlinie *i*, Preece!' gwahoddodd Rachel, a'i llais yn wawdlyd-felys, a'i llygaid yn dawnsio. 'Dewch mlân! Fe hwylusa' i'r ffordd ichi!' Ac ar y gair, tynnodd Rachel waelod ei sgert i fyny, ac arddangos ei choesau hyd at ei phenliniau. Cododd un goes a'i gwthio yn erbyn trwyn Preece, a'r ysgolfeistr yn plycio ei ben yn ôl. 'Gafaelwch ynddi, Preece! Profiad newydd ichi! Coes fenywaidd! Os ydi'r hosan yn rhwystr ichi, fe dynna' hi i ffwrdd, ichi gael llyfu a blasu cnawd *menyw* am y tro cynta'!' Gostyngodd ei choes, ac edrych ar Emma. 'Be' nesa', Emma?'

'Mynd adre', rwy'n meddwl. Does 'na fawr o bwrpas inni aros yma bellach; mae'n gwaith wedi'i gyflawni.' Troes Emma ei hwyneb i lawr at yr ysgolfeistr. 'Mission accomplished, yntê, Preece? Ac rŷn ni'n deall ein gilydd on'd ŷn ni? Pan ddaw Mr Arnold i'r ysgol yfory, dwedwch wrtho ar unwaith am eich penderfyniad i ymddiswyddo; a phan fydda' *i'n* ymweld ag e nos yfory, mi fydda' i wrth fy modd yn clywed ganddo eich rhesymau dros ymddiswyddo. Wel, dyna'r cwbl am heno . . . Mae wedi bod yn noswaith i'w chofio! Peidiwch â phryderu am dynged y gyfrol yma, Preece. Mae'ch trysor mewn dwylo diogel.'

'Mae ond yn deg i *mi* gael rhywbeth i'm hatgoffa am yr ymweliad yma,' meddai Rachel. 'Rwyf am gadw'r wialen yma, Preece; fe gaiff le anrhydeddus yn fy mharlwr; ac os digwydd i rywun holi am ei hanes, 'na stori fydd gen i i'w hadrodd! Ac wrth i'r hanes fynd ar led, synnwn i ddim na fydd tipyn o bererindota i fferm Bryn-y-groes, a theithwyr yn dod acw o bob cwr o'r wlad i syllu ar y darn pren enwoca' yng Nghymru.'

Gyda chryn ymdrech a llawer ochenaid, tynnodd Preece ei hun i fyny o'r llawr, a sefyll yn anesmwyth-anniben o'i blaen.

'Y pen-ôl yn poeni tipyn, Preece?' holai Emma. 'Gwaith-llaw Mrs Parry yn brifo! Y llythyren *W* yn llosgi? Ardderchog! O bydded i'r *W* barhau!'

'Amen!' meddai Rachel.

'I ffwrdd â ni, felly,' meddai Emma.

'Peidiwch â thrafferthu i'n hebrwng i'r drws, Preece,' meddai Rachel. 'Rŷn ni'n gwybod y ffordd allan.'

Felly y chwyrlïodd y ddwy ddynes eu ffordd allan o dŷ'r ysgol, a'r ddwy yn meddu ar ddarn o hanes: y naill yn gafael yn gadarn yn y gyfrol unigryw, a'r llall yn chwifio'r gansen yn beryglus . . . Buddug Bryn-y-Groes yn dychwelyd yn fuddugoliaethus o faes y gad.

PENNOD 10

'MAE *hi* am eich gweld chi, Mr Arnold,' meddai Harriet.
'Hi?''
'Miss Vaughan.'
Plymiodd calon Matthew i'r dyfnderoedd. Ni ddisgwyliasai weld Emma Vaughan eto. 'Ddwedsoch chi mod i i mewn?'
'Wrth gwrs, Mr Arnold! Ond dych chi ddim am 'i gweld hi? Mae'n *werth* i'w gweld, credwch fi; mae ganddi glogyn glas moethus, y peth prydfertha' welsoch chi erioed. Ma' *hwnna* wedi costio ceiniog a dime, fentra' i ddweud wrthoch chi!'
'Debyg iawn. A wel, dowch â hi i fyny.' Ochneidiodd Matthew. Trueni na fuasai wedi mynd allan am dro, a thrwy hynny osgoi'r cyfarfod lletchwith yma.
Cnoc ar y drws, a Harriet yn hwylio i mewn, a'r ymwelydd yn ei sgil. 'Mr Arnold, Miss Vaughan!' meddai Harriet yn ffurfiol-ddifrifol, a hofran wrth ochr Emma. 'Roeddwn i'n dweud wrth Mr Arnold funud yn ôl gymaint roeddwn yn edmygu'ch dillad chi, Miss Vaughan. Mae ganddo *fe* lygad at ddillad, rwy'n siwr o hynny, ac yntau mor barticiwlar ynghylch 'i wisg 'i hun,—*ac* yn ŵr bonheddig, Miss Vaughan. Mae'n anrhydedd i'w gael yn aros yn y gwesty.'
'Rych chi'n garedig iawn, Harriet,' meddai Matthew.
'Ac rwy' wedi clywed pethe da amdanoch *chi* hefyd, Miss Vaughan,' aeth Harriet yn ei blaen, yn amlwg benderfynol o daenu hapusrwydd.
'O?'

'Mae Sara Lewis—mae hi'n aelod yn ein capel ni— mae hi'n meddwl y byd ohonoch chi. A Mr Morris, rheolwr y gwesty,—fe ddwedwn i fod e'n eich addoli chi, Miss Vaughan! Dyw e ddim wedi colli *un* o'ch darlithie chi, dim un! "Brains *and* Beauty," Harriet,' medde fe wrtho i, "dyna be' sy gan Miss Vaughan. Y sgolor brydfertha' erioed i ddarlithio yn yr Institiwt." Ei union eirie, Miss Vaughan! Wyddoch chi be' ddwedodd o wedyn?'

'Dim syniad!'

'"Pe bai Miss Vaughan yn anffyddwraig,"' medde fe, "fe ffarweliwn i â'r capel y fory nesa"'. Mynegai wyneb Harriet ei rhyfeddod wrth feddwl am y fath aberth.

'O diar!' meddai Emma.

'Dych chi ddim yn mynychu capel, wrth gwrs, Miss Vaughan,' meddai Harriet.

'Na,'

'Dyw Mr Arnold ddim chwaith. Mae'r ddau ohonoch chi'n debyg iawn mewn rhai pethe.'

Tybiai Matthew ido weld arwydd o ddiflastod yn gwibio ar draws wyneb Emma. 'Garech chi eistedd, Miss Vaughan?' meddai yn oeraidd.

Troes Emma at Harriet. 'Rwy'n gwerthfawrogi'ch geirie caredig yn fawr iawn. Hyfryd i'r glust! Ond dwedwch wrth y rheolwr nad ydwy'n dymuno iddo gefnu ar 'i grefydd er fy mwyn i; byddai hynny'n pwyso gormod ar fy nghydwybod. Nawr mae gen i rywbeth pwysig iawn i'w drafod gyda Mr Arnold. Pe baech chi'n dychwelyd mewn hanner awr, dwedwch, gyda llawn tebot o de, byddwn yn ddiolchgar iawn. Rwy'n siwr,' ychwanegodd, a nodyn bach arwyddocaol yn ei llais, 'y bydd *angen* te cryf ar Mr Arnold erbyn hynny.'

'Gyda phleser, Miss Vaughan.' Hwyliodd Harriet allan o'r ystafell.

'Doeddech chi ddim yn disgwyl fy ngweld i, Mr Arnold!' meddai Emma, gan wneud ei hun yn gyfforddus yn ei chadair. 'Rych chi'n dal i bwdu ar ôl eich profiad yn Cambrian Villa.'

'Dyw e ddim yn fy natur i bwdu. Mae gwell ffordd i ddefnyddio atgofion cas.'

'Gwaraidd iawn! Ond sut *ydych* chi'n 'u defnyddio nhw? Drwy 'u gosod nhw yn eich barddoniaeth? Rwy'n siwr o gael fy anfarwoli yn eich cerddi nesa!' Gwenai Emma arno.

Gwrthododd Matthew wenu yn ôl arni. Amhosib iddo faddau iddi am y driniaeth a gawsai ganddi.

'Sgriptiau arholiadau?' holai Emma, gan gyfeirio at y pentwr o bapurau ar y ford.

'Fel y gwelwch chi, mae gen i lawer o waith; hoffwn ei orffen heddi.' Dyna awgrym digon plaen iddi beidio ag aros yn hir.

'Fuoch chi yn ysgol Preece heddi?'

Nodiodd Matthew.

'A sut *oedd* yr ysgolfeistr?'

Roedd yna rywbeth yng ngoslef ei llais a awgrymai i Matthew fod Emma yn gwybod yr ateb i'w chwestiwn ei hun. Bu Preece yn anesmwyth ac anniddig drwy gydol y dydd; ac ar ddiwedd y prynhawn soniodd am ei fwriad i ymddiswyddo ar unwaith a dychwelyd i'w gartref teuluol yn Lerpwl. Roedd iechyd ei dad yn fregus, a'i fam yn analluog i gadw'r siop groser ar ei phen ei hun. Teimlai Matthew fod yna rywbeth afreal yn y stori; ac yn awr dyma ymddygiad Emma Vaughan i gadarnhau ei ddrwgdybiaeth ac ychwanegu at y dirgelwch.

'Oedd Preece yn ei hwyliau serchus arferol?' holai Emma.

Yn sydyn, gwawriodd ran o'r gwirionedd ar ymennydd Matthew. Emma Vaughan oedd achos ymddiswyddiad yr ysgolfeistr! *Hi* a'i gorfododd i ymddiswyddo. Ond sut yn y byd y llwyddodd hi? Pa afael oedd ganddi ar Preece? Syllai Matthew arni yn fanwl, a dehongli'r edrychiad ar ei hwyneb fel arwydd slei o fuddugoliaeth . . . O, doedd yna ddim amheuaeth! Rhywsut neu'i gilydd, llwyddodd y fenyw felltigedig hon i gyrraedd ei nod a chwalu'r ysgolfeistr.

'Mae Mr Preece am ymddiswyddo a dychwelyd i Lerpwl i helpu ei rieni oedrannus i gadw siop y teulu,' meddai Matthew, a cheisio rhoi'r argraff iddo gredu bob gair.

'Diar mi! 'Na chi ddyn nobl!'

'Bydd ei ymadawiad yn golled fawr i'r cylch.'

'Nonsens!'

'Wrth gwrs, mae'n achos llawenydd i *chi*, Miss Vaughan. Ond mae'n rhy gynnar i chi ddechrau chwifio'r baneri.'

'O?'

'Rwy'n bwriadu trefnu cyfarfod gyda rheolwyr yr ysgol, ac argymell enw iddynt,—dyn delfrydol i'r swydd, athro ifanc wedi ei sbarduno a'i ysbrydoli â'r union ddaliadau a oleuai Mr Preece. Rwy'n siwr y gwnân nhw dderbyn fy nghyngor.'

'Pwy *ydy'r* paragon yma?'

'Fe gewch wybod yn ddigon buan.'

'Hanner-Cymro arall?'

'Cymro cyflawn, Miss Vaughan, a ddaw atoch dros y gorwel yn chwifio cansen mewn un llaw a'r Welsh Not yn y llaw arall. Cymro yn barod i gysegru ei hun i'r dasg fawr o lusgo plant Abergarth gerfydd eu gwallt allan o'r tywyllwch Celtaidd, a sgwrio'r wep Gymreig oddi ar eu hwynebau, a phlastro'u tafodau â'r iaith Saesneg, ac unioni eu cefnau, a chyfeirio eu llygaid a'u heneidiau tuag at y gwareiddiad mawr dros y ffin! O, byddwch dawel eich meddwl, Miss Vaughan! Fe fydd yr ysgol mewn dwylo diogel.'

Gwgodd arno, a symud yn anesmwyth yn ei chadair. Yna cododd yn sydyn, a sefyll o'i flaen, a'i llygaid a'i thalcen a'i bochau ar dân. Pwysodd ymlaen, a'i mynwes o fewn modfedd i'w drwyn. 'Dim ond un peth sy' gen i ddweud wrthoch chi, Matthew Arnold; a dim ond un neges rych chi'n haeddu 'i glywed.' Gosododd ei gwefusau reit yn ymyl ei glust dde. 'Twll dy din di!' sibrydodd. Unionodd ei hun, ac edrych o'i hamgylch nes i'w llygaid syrthio o'r diwedd ar y pentwr o bapurau ar y ford. Brasgamodd atynt, a throsglwyddo ei hymbarél o'i llaw dde i'w llaw chwith. Yna defnyddiodd ei llaw dde fel pastwn a tharo'r pentwr ag ergyd mor ysgytwol nes i'r papurau chwyrlïo i bob cyfeiriad, a chorwynt o dudalennau yn llenwi'r ystafell. Daliai un tudalen i hofran uwchben Matthew, ac yna, yn gwbl groes i ddeddfau tebygolrwydd, disgynnodd yn dawel ar ei ben.

Wedi ei goroni felly, eisteddodd y bardd-arolygwr yn llonydd yn ei gadair, ac edrych ar Emma yn rhuthro at y drws, â'i sgert yn chwifio'n herfeiddiol ato wrth iddi ddiflannu o'i fywyd. Tybed . . . A ddiflannai ei Hachos gyda'i phen-ôl haerllug? . . . Tybed . . .

Mwynhewch nofelau eraill cyfoes, deifiol
MARCEL WILLIAMS:

DIAWL Y WENALLT
Ym Mawrth 1953, arhosodd y Bardd Mawr, Dylan Thomas dros nos ym mhentref Cwmsylen. Nid yw'r pentrefwyr byth wedi maddau iddo am ddigwyddiadau'r noson—ac o'r diwedd daw cyfle iddynt ddial arno'n llawn . . .
0 86243 200 6
£4.45

SODOM A SEION
Nid angladd gyffredin a gafodd Ivor Mostyn, gŵr Harriet a chariad Kilvert, y ficer. O dan arweiniad Gweinidog Seion, mae pentrefwyr Cwmderwen yn cyhoeddi rhyfel terfynol yn erbyn y Gelyn Mawr!
0 86243 239 1
£4.50

GWALIA AR GARLAM
Mae Cymru'n wlad rydd o'r diwedd—ond rhan o'r Cytundeb Annibyniaeth oedd y byddai'r Sason yn parhau i'w defnyddio fel maes ymarfer i fyddin Lloegr . . .
0 86243 259 6
£4.50

Llu o nofelau eraill hefyd ar gael o'r Lolfa: yr holl fanylion yn ein Catalog newydd 80-tud.